A Sosa, per le sua
ancona bibliotece rina-
scimentel - bostoniana,
con le più sincera cordia_
lità e fraterna amicizia -

Renis

Udine, 25. 6. '97_

© 1994 Giulio Einaudi editore s. p. a., Torino

ISBN 88-06-12926-0

Giovanni Pico della Mirandola

SONETTI

A cura di Giorgio Dilemmi

Giulio Einaudi editore

Introduzione

Esortando, con lettera del 15 maggio 1492, il nipote Gian Francesco alle Sacre Scritture, «omissis iam fabulis nugisque poetarum»[1], Giovanni Pico della Mirandola agiva ormai in perfetta sintonia con la sua austera e consolidata condizione di filosofo, assai vicino per di piú al Savonarola. Ma c'erano stati anni in cui neppure a lui, novizio e principiante, era venuto fatto di sottrarsi al fascino della poesia, a tal punto da dover infine ammettere la propria incapacità a raccapezzarsi: «Quippe ego dum geminis (ut aiunt) sellis sedere volo, utraque excludor, sitque demum (ut dicam paucis) ut nec poëta, nec rhetor sim, neque philosophus»[2] (salvo peraltro veder poi riconosciuta tanta versatilità da parte di uno dei suoi interlocutori piú prestigiosi e scomodi, come Ermolao Barbaro: «Video te poetam egregium, oratorem eminentissimum. Animadverto te philosophum prius Aristotelicum, nunc etiam Platonicum esse»[3]). E, del resto, ben noti sono i rapporti che intercorsero fra il 1479 e il 1483, da poeta a poeta, con il Poliziano, attento lettore e giudice dei suoi amorosi versi latini[4].

Il tutto finí, come si sa, in una sorta di *auto da fé*, che non ebbe a risparmiare, ed è ciò che qui importa, nemmeno la vasta (e

---

[1] In *Opera omnia Ioannis Pici, Mirandulae Concordiaeque Comitis...*, Basileae, ex officina Henricpetrina, Anno salutis nostrae M.D.LXXII. Mense martio, p. 343 (ed. moderna in *Prosatori latini del Quattrocento*, a cura di E. Garin, Milano-Napoli 1952, p. 830).

[2] Cosí scriveva al Poliziano (vedi *Opera omnia* cit., p. 364). Secondo E. Garin, *La cultura filosofica del Rinascimento italiano*, Firenze 1961, p. 258, la missiva, non datata, è da ascriversi al 1483.

[3] Epistola dell'aprile 1485: la si legge in A. Politiani *Opera*, Basileae, apud Nicolaum Episcopium Iuniorem, 1553, pp. 119-20.

[4] La vicenda è ricostruita, sempre sulla scorta delle lettere, da E. Garin, prima in G. Pico della Mirandola, *De hominis dignitate, Heptaplus, De ente et uno e scritti vari*, Firenze 1942, pp. 3-6 e quindi in *La cultura filosofica* cit., p. 258.

con ogni probabilità per buona parte coeva) produzione volgare, secondo quanto testimonia Gian Francesco Pico: «Elegiaco
carmine amores luserat, quos quinque exaratos libris, religionis
causa, ignibus tradidit; multa itidem rithmis lusit hetruscis,
quae pari causa par ignis absumpsit»[5]. Sicché, convertito in tutto alla filosofia, poteva, nell'ottobre del 1486, rivolgersi all'urbinate Andrea Corneo e citare quella sua dismessa attività nei
termini distaccati di un già consumato divorzio: «Rithmos meos
hetruscos non est quod desideres, iam dudum amatoriis lusibus
nuncium remisimus, alia meditantes»[6].

Comunque, fosse il conclamato rogo metaforico o reale, fatto si è che il lascito della poesia pichiana appare limitato a una
sessantina di testi, di cui il gruppo piú consistente e organico è
rappresentato dai quarantacinque sonetti oggetto della presente
edizione, i quali si trovano ospitati, di seguito alle *Stanze* del Poliziano e sotto l'etichetta di *Sonetti del conte Zoanne de la Mirandola*, alle cc. 62r-69v del codice italiano 1543 della Biblioteca Nazionale di Parigi (= P) (uno dei piú sostanziosi collettori della
produzione poetica, in special modo alto-italiana, di fine Quattrocento), ascrivibile alla prima metà degli anni '90[7].

Recuperati e proposti all'attenzione degli studiosi del 1894
dal Ceretti e dal Dorez[8], essi per la verità non mancarono di su

---

[5] Il passo è tratto dalla *Ioannis Pici Mirandulae et Concordiae Principis ... vita*, per Ioannem Franciscum ... conscripta, premessa all'*Opera
omnia* cit., c.* 4r (in ed. moderna, curata e tradotta da T. Sorbelli, Modena 1963, p. 42).

[6] In *Opera omnia* cit., p. 378. Non si sottovalutino però le riserve
avanzate da E. Garin in G. Pico della Mirandola, *De hominis dignitate*
cit., p. 6, nota 2: «Tuttavia, se tanto Gianfrancesco quanto lo stesso Pico
amarono insistere su questa rinuncia alla poesia che non fosse sacra, non
mancano cenni di un ritornante amore delle Muse in lettere posteriori al
1486 di varî anni, almeno, a tutto il 1490».

[7] Intorno al quale si veda da ultimo lo studio di R. Castagnola, *Milano
ai tempi di Ludovico il Moro. Cultura lombarda nel codice italiano 1543 della Nazionale di Parigi*, in «Schifanoia», 5 (1988), pp. 101-85 (= Castagnola). Per il resto non piú di una quindicina di pezzi: una sestina a stampa
(cfr. oltre la nota 10 a p. VII) e sonetti gli altri, disseminati in varie miscellanee manoscritte quattro-cinquecentesche, cui indirizzano E. Garin in G.
Pico della Mirandola, *De hominis dignitate* cit., p. 54, nota 2 e P. O. Kristeller, *Giovanni Pico della Mirandola and his sources*, in *L'opera e il pensiero di Giovanni Pico della Mirandola nella storia dell'Umanesimo*, Convegno internazionale (Mirandola, 15-18 settembre 1963), Firenze 1965, I,
pp. 35-142, appendice II, *A tentative list of manuscripts*, pp. 107-33.

[8] *Sonetti inediti del Conte Giovanni Pico della Mirandola*, a cura di F.

scitare piú di un dubbio circa la loro autenticità, non solo, si può credere, in relazione a un malinteso e astratto parametro qualitativo, ma anche, e soprattutto, sulla spinta dello scempio che ne avevano procurato i grevi interventi testuali, linguistici e metrici dell'erudito mirandolano[9]. Mentre a noi converrà oggi osservare come nessuna testimonianza nota contraddica P e aggiungere quindi, semplicemente attivando dati già disponibili, che un paio dei componimenti ivi contenuti compaiono anche altrove, nell'àmbito della successiva tradizione cinquecentesca, in diversa redazione e con esplicita attribuzione al Pico[10]. Cosí come concorreranno all'accertamento di paternità ragioni stilistiche e interne, consistenti nella possibilità di riscontro con i superstiti carmi latini[11], nonché la congruenza concettuale e tematica con certi scritti filosofici e morali quali l'*Heptaplus* (pubblicato nel 1489) e le *Epistulae Ioanni Francisco nepoti* del 1492[12].

Ceretti (corredati dalla biografia dell'autore dovuta a M. Sabbatini e da alcune note di commento di E. Sola), Tipografia Di Grilli Candido, Mirandola 1894 (= Ceretti): presenta, con inaccettabili manipolazioni, i nn. XXIX-XLV alle pp. 31-47 e XXVIII a p. 49, secondo il testo del ms Magliabechiano II. II. 75 della Biblioteca Nazionale di Firenze (= M), *descriptus* rispetto a P (vedi Castagnola, p. 102, nota 5) e mutilo delle carte iniziali, che contenevano I-XXVII e il capoverso di XXVIII (vedi *I manoscritti italiani della Biblioteca Nazionale di Firenze* descritti da una società di studiosi sotto la direzione del Professor A. Bartoli, Firenze 1879-85, II, p. 127); L. Dorez, *I sonetti di Giov. Pico della Mirandola*, in «La Nuova Rassegna», anno II, n. 25 (1894), pp. 97-114 (= Dorez): pubblica i nn. I-XXVIII secondo P.

[9] Mise a fuoco a suo tempo la questione N. V. Testa, *Sull'autenticità delle Rime di Pico della Mirandola*, in «Rivista Abruzzese», 20 (1905), pp. 13-23.

[10] Per l'esattezza XLII a c. 38r del ms it. 836 X* 34 (H.6.1) della Biblioteca Estense di Modena (cfr. Castagnola, p. 136) e IV a c. 177r de *Il sesto libro delle rime di diversi eccellenti autori*, in Vinegia, al segno del pozzo, 1553 (cfr. Dorez, p. 102, nota 1, secondo cui anche il «sonetto XV del Ceretti (*Era nella stagion ...*) [XLIII]» si troverebbe a stampa nella raccolta del 1553: in realtà si tratta della sestina estravagante *Era ne la stagion, che 'l sommo Giove*, alle cc. 177v-178r).

[11] Si considerino le note di commento a IV 14, VII 5-6, IX 9-12, XVII 7-8, XX 8, XXII 1 e 14, XXIII 13, XXX 1-4, XLIV 1-2. Per la poesia latina vedi almeno G. Pico della Mirandola, *Carmina latina*, a cura di W. Speyer, Leiden 1964; P. O. Kristeller, *G. Pico della Mirandola* cit., appendice I, *Unpublished poems*, pp. 85-107 e Sc. Mariotti, *Per una nuova edizione dei carmi latini di Giovanni Pico della Mirandola*, in *Miscellanea di studi in onore di Vittore Branca*, III*, Firenze 1983, pp. 311-25.

[12] Cfr. le annotazioni a X 12-14, XIII 14, XVII 9-11, XIX 14, XX 9-11, XXV 6 e

Sembra perciò trovare obiettivo riscontro l'ipotesi di un'attività poetica protratta oltre il limite del 1486 [13] e devoluta alla meditazione etico-religiosa, nel segno di un provvidenziale ravvedimento rispetto alle devianze d'amore. Che poi tutto questo offra il destro per supporre la trama di un canonico, quanto virtuale, canzoniere può anche darsi, ma piú produttivo sarà, nei fatti, limitarsi a rilevare la convivenza, nell'economia della serie pervenutaci, di una doppia polarità, sulla scorta, s'intende, di un'esplicita indicazione dovuta all'autore stesso: «Uror in ambiguo, gemino correptus amore» [14]. Al fuoco di un'antica controversia dunque si alimenta la vena del Nostro, giusta il riscontro offerto da un cursorio esame tematico.

Dominante in tal senso l'esercizio del registro doloroso applicato all'analisi della patologia d'amore: il paradosso dei contrari (I) e il senso di irreparabile prigionia (II), accentuato dall'impossibilità a contrastare un Signore tanto spietato e potente (V, VI, XXII, XXIII), mentre costante appare il compiacimento dei propri tormenti (VII, IX, XXIV, XLII). Amore rinnova crudelmente i suoi attacchi (III, XVIII), ma certo Madonna è sempre troppo bella (XI, XXXIX) e ineluttabilmente crudele, onde il leale servizio non avrà mercede (X, XIX, XX), e s'insinuerà una tormentosa incertezza (XIV, XXI) o senz'altro la gelosia (XXVIII, XLI), fino all'intenso desiderio che si faccia vendetta della reproba (XXXVIII). La presenza quindi di alcuni reperti legati a precise occasioni e relativi all'anniversario dell'innamoramento (IV) e alla dipartita del poeta (VIII) o della donna (XII), nonché addirittura alla morte dell'amata (XV), completa un campionario dai tratti ben riconoscibili (ora di chiara matrice petrarchesca, ora di collaudata natura tòpica) e allineati per lo piú agli esiti di tanta lirica contemporanea. Il tutto nella convinzione che alla poesia spetti l'eccezionale privilegio di eternare la storia amorosa e di guidare al cielo (XXVI, XXVII).

Se non che un'altra prospettiva si apre, per certo afferente ad ulteriore stagione umana e culturale del Pico: quella che, attraverso una lucida riflessione intorno ai beni terreni e alla fortuna,

13-14, XXXI 7, XXXII 3-4, 5, 8 e 9-11, XXXIV II. Insiste in particolare su tale aspetto N. V. Testa, *Di Giovan Pico della Mirandola e dei suoi contributi in rima alla lirica del Quattrocento*, Premiata Tipografia aternina, L'Aquila 1902 (= Testa), alle pp. 44-65.

[13] Vedi la nota 6 a p. VI. Il nostro commento ad esempio certifica che il sonetto XLV è ascribibile al 1488.

[14] Cosí recita il primo verso di un distico che si intrufola tra i sonetti a c. 69v di P.

all'uomo e alla morte (XIII, XVI, XXV), si appella invece alla ragione di contro ai sensi (XVII, XXXIII), per attingere il sollievo di una
salvezza garantita dal tempestivo pentimento (XXIX, XXX, XXXI);
altrove, non qui, è, platonicamente, la nostra dimora (XXXIV) e
ad essa solo può guidarci un Dio misericordioso che, come il pa-
store del Vangelo, abbia a cuore la sorte della pecora smarrita
(XXXII) [15].

Una poesia di grana composita dunque, al cui impasto concorrono insieme ingredienti lirici e morali, filosofici e religiosi, a
partire, è ovvio, da modelli e referenti specifici.

E qui sarà d'obbligo aprire l'incartamento con la celeberri-
ma epistola al Magnifico del 15 luglio 1484, nella quale il Pico,
sulle ali di un irrefrenabile eccesso d'encomio, ristrutturava il
canone degli eccellenti poeti fiorentini, attribuendo la palma del
migliore a Lorenzo rispetto a un Petrarca «tener et mollis» e a
un Dante «nonnumquam horridus, asper et strigosus» [16]. In
realtà, nella concretezza dell'esercizio poetico i debiti nei confronti dell'aurea triade davano luogo a ben diversa graduatoria:
una qualche attenzione per Lorenzo, si capisce, (quello peraltro
delle *Selve* e delle *Laude* [17]) (XXVIII 12, XXXII 13-14 e XXXIII 3-6)
e una certa inevitabile memoria della *Commedia* (I 3, III 11 14, IV 7,
XI 9, XIII 4, XVI 2 e 4, XVIII 5, XXV 9, XXVII 2, XXX 6 e 9, ecc.), ma
fuor di dubbio rimane che l'apprendista avesse imparato a usare
i ferri del mestiere direttamente alla bottega del Petrarca [18]. Ne
rende fede anzitutto la tendenza, davvero impressionante, ad as-
sumere dai *Rerum vulgarium fragmenta* interi sistemi di parole
rima, quasi a garantirsi, con quel marchio di fabbrica, della bon-
tà relativa agli elementi portanti dell'edificio; con la sola licenza
di un gusto piú accentuato, e quattrocentesco, per il gioco delle
rime identiche, equivoche, ricche e inclusive. Non parliamo poi
dei materiali, del lessico insomma, il piú cristallizzato e tradizionale, il piú autorizzato da un ideale centone petrarchesco ine-
rente alla psicopatologia dell'amore (solo in I: *desiri*, *sospiri*,
fiamma, *giova*, *offende*, *dolci martiri*, *toglie*, *rende*, *rido*, *pianto*,

---

[15] Esulano in sostanza dalla constatata dicotomia XXXVII e XLV di
contenuto politico, l'encomiastico XL e il 'mitologico' XLIII.

[16] In *Opera omnia* cit., pp. 348 e 349 (ed. moderna in *Prosatori latini*
cit., pp. 796 e 800).

[17] Ancora dunque si supera il limite del 1486 (cfr. la nota 6 a p. VI).

[18] È significativo ad esempio che la frequentazione di Giusto de'
Conti (vedi il commento a I 10, X 7, XX 1-2, 4 e 7, XXI 12, XXVIII 8, XXXIV 4)
non assuma i contorni di un evento determinante (e si pensi per converso
al caso del Boiardo).

spero, moro), fino al diligente impiego, fra gli altri, del piú tipico degli stilemi: le coppie di attributi, sostantivi e verbi (I 5 *giova e offende*, 7 *or ami et or s'adiri*, V I *focoso giaccio e fredda face*, 2 *mal dilectoso e dolce affanno*, 3 *pena suave et util danno*, XII I *umido e molle*, XIV 5 *vinto e lasso*, XV 9 *Gli occhi leggiadri e quel bel viso adorno*, ecc.).

Non molto di piú comunque, dato che la mera considerazione degli aspetti prosodici e sintattici subito sposta i termini del problema. Se la frequenza infatti della dialefe è già di per sé rivelatrice[19], notevole appare, in taluni casi, la tendenza a travalicare sintatticamente la distinzione tra fronte e sirima del sonetto (XX, XXVI, XXXIV, XXXVIII, XXXIX). Sintomo evidente di un discorso che soffre a essere costretto entro rigidi comparti e caratteristica tipica di un periodo connotato da un *ordo verborum* di continuo mosso, sino alla forzatura, dalla pratica della prolessi, per non dire dell'iperbato e dell'anastrofe, e spessissimo attratto dal piacere dell'*enjambement* ma anche della piú complessa inarcatura di senso. Niente musica dunque, tal che si comprende come un lettore eccellente quale Gianfranco Contini sia giunto a definire *en passant* il Pico titolare di «alcuni rudi versi italiani»[20].

Andranno inoltre messe nel conto, a misurare la distanza dal modello (e dalla sua levità), le ragioni di un dettato teso ai virtuosismi dell'antitesi e dell'ossimoro, del chiasmo e dell'iterazione anaforica, sul filo di un'immaginazione talora accesa da lampi di ricercata ingegnosità e singolare acutezza (I 1-4, XX 6-8, XXII 1-4, XXXV 5-14, XLII); senza trascurare la consistenza di un vocabolario spesso punteggiato da marcati latinismi (XIX 5 *freto*, XX 8 *verno*, XXIV 14 *cano*, XXVI 2 *aprile*, XXVIII 6 *strata*, XXX 6 *operto*, XXXI II *exinanita*, XXXIII II *deprecar*, XLIII 7 *auspizio*, ecc.) (si parla per la verità di uno scrittore solo tangenzialmente volgare), nonché di un tessuto fonico variegato dall'increspatura fitta delle omofonie e delle allitterazioni.

Fermo restando che la questione vera consisterà piuttosto nel privilegio accordato al registro dell'argomentazione a scapito del pedale effusivo e sentimentale: Pico interroga e ipostatizza[21], avverte, esorta, medita e sentenzia, mentre non piú di tanto

---

[19] Con l'avvertenza, si badi, che la perizia prosodica non costituisce esattamente la specialità del copista di P, secondo quanto risulta anche dai testi 'milanesi' editi dalla Castagnola, pp. 143-82.

[20] Vedi G. Contini, *Letteratura italiana del Quattrocento*, Firenze 1976, p. 70.

[21] Notevole in tal senso la frequenza delle personificazioni: XVI, XVII, XX, XXVIII, XXX, XXXIII, XXXVI, XXXVII, XLI.

sembrano interessarlo, neppure nella sezione piú propriamente
amorosa, quei sospiri del cuore, di cui invece si nutre la maggior
parte della lirica, in special modo dopo il Petrarca. La poesia di
un filosofo insomma, detentore di un diverso atteggiamento
mentale prima ancora che culturale, propenso piú a raziocinare
e a valutare che non a sentire o auscultare. Sicché in definitiva
non è possibile rimuovere la sensazione di una prova composita
e irrisolta: l'esperimento di chi, pur accedendo a uno strumento
per certi versi attirevole come la poesia, andava in realtà medi-
tando altro.

                                                       GIORGIO DILEMMI

Nota al testo.

La presente edizione riproduce il testo di P. Solo lievi modifiche (alcune peraltro autorizzate dal gemello M, oppure già a
suo tempo operate dal Ceretti, dal Dorez o dal Testa) si sono re-
se necessarie, soprattutto per sanare le disfunzioni nel computo
sillabico dei versi[1] (tra parentesi la lezione errata): IV 8 *son* (*sono*), 10 *avean* (*aven*); V 8 *mal* (*male*), 13 *crudel* (*crudele*); VII 11
uom (*uomo*), 13 *dol* (*dole*); IX 1 *sono* (*son*), 2 *invesca* (*innesca*), 13
Tal (*E tal*), 14 *ancor* (*ancora*); X 9 *Fanciul* (*Fanciullo*); XI 4 *spirto*
(*spirito*); XV 12 *fan* (*fen*); XVI 7 *chiunque* (*ciunque*); XVII 2 *spirto*
(*spirito*), 12 *te* (*de*); XVIII 8 *Amor* (*Amore*); XIX 8 *pregher'* (*preghe-
re*); XXIII 3 *fanciul* (*fanciulo*), 4 *uom* (*uomo*); XXIV 13 *venen* (*veneno*); XXVI 9 *di* (*da*), 12 *nulla Musa* (*nulla altra Musa*); XXVII 3 *spirto* (*spirito*), 5 *ancor* (*ancora*), 12 *viva* (*vivo*); XXVIII 2 *uom* (*uomo*),
6 *cel* (*celo*), 9 *gioir* (*gior*); XXIX 11 *precipizio* (*precipio*); XXX 5 *or*
(*ora*); XXXI 1 *sforzi* (*forszi*); XXXII 6 *come* (*e come*), 7 *ai sensi* (*sensi*), 12 *fé* (*fede*); XXXVI 9 *ch'a* (*chi*); XXXVII 2 *posta* (*posto*), 3 *ecco*
(*et ecco*), 6 *suo* (*sue*); XXXVIII 4 *fusti* (*fussi*), 12 *o* (*ho*), 14 *l'uno e
l'altro* (*l'uno o l'altro*); XXXIX 7 *spirito* (*spirto*); XL 10 *facto emulo*
(*facta emula*), 13 *Volenteri* (*Volenter*); XLI 4 *in* (*nei*), 6 *servitú*
(*servita*); XLII 11 *legiadre* (*legiadri*), 13 *offende* (*offendi*); XLIV 4
avea (*aveva*), 8 *non* (*che non*), 13 *acorgea* (*acorgeva*); XLV 5 *scorno*
(*storno*).
Per il resto, pur nel rigoroso rispetto della veste linguistica
del manoscritto, le esigenze di una collana aperta alla frequentazione anche di non specialisti hanno consigliato una serie di am-
modernamenti grafici. In dettaglio: eliminazione del dittongo *ae*
(*aeterna*) (ma per il caso di *Aeti* si veda la nota di commento a
XXIV 1); passaggio ad *i* della grafia *y* ed *j* (*Dryade, poy, desiderij*);
distinzione di *u* da *v*; soppressione della *h* etimologica e pseudo
tale (*huom, hor, havean, herba*), e integrazione del segno ove lo

---

[1] Si consideri la nota 19 a p. X. Con tutto ciò permangono alcune iper-
metrie, segnalate di volta in volta nel commento.

esiga l'uso moderno, come nelle esclamazioni; i digrammi *ch*, *gh*, *ph* e *th* vengono resi rispettivamente con *c*, *g*, *f* e *t* (*stancho*, *piagha*, *Zephir*, *Athlante*), mentre il gruppo *-mph-* passa naturalmente a *-nf-* (*Nymphe*); si rende *-ti-* con *-zi-* (*initio*, *asentio*, *silentio*); obliterazione della *i* nelle scrizioni *gie* (*spiagie*) e *gni* + voc. (*ognihor*); mentre si mantiene la comune alternanza fra *celo* e *cielo*, si adegua alla grafia moderna *ceco*; *et* viene ridotto ad *e* davanti a consonante; si inseriscono i segni diacritici necessari; si regolarizza l'uso delle maiuscole e si adegua al sistema moderno la punteggiatura.

Alla fine è un piacere ringraziare gli amici Paolo Bongrani e Franco Gavazzeni.

Tavola delle abbreviazioni.

Alberti, *Rime*
  L. B. Alberti, *Rime e versioni poetiche*, a cura di G. Gorni, Milano-Napoli 1975.

Bembo, *Asolani*
  P. Bembo, *Gli Asolani*, a cura di G. Dilemmi, Firenze 1991.

Prose
  P. Bembo, *Prose della volgar lingua*, in *Trattatisti del Cinquecento*, a cura di M. Pozzi, Milano-Napoli 1978, t. I, pp. 51-284.

Boccaccio, *Decameron*
  G. Boccaccio, *Decameron*, a cura di V. Branca, Firenze 1976.

De montibus
  G. Boccaccio, *De montibus, silvis, fontibus,* [...], Venezia, [Vindelino da Spira], 1473.

Genealogie
  G. Boccaccio, *Genealogie deorum gentilium libri*, a cura di V. Romano, Bari 1951.

Boiardo, *Amorum libri*
  M. M. Boiardo, *Amorum libri*, in *Opere volgari*, a cura di P. V. Mengaldo, Bari 1962.

Cavalcanti, *Rime*
  G. Cavalcanti, *Rime*, a cura di D. De Robertis, Torino 1986.

Ceretti
  Sonetti inediti del Conte Giovanni Pico della Mirandola, a cura di F. Ceretti, Mirandola 1894.

Giusto de' Conti, *La bella mano*
  Iusti de Comitibus Romani [...] *La bella mano*, [Bologna], per Scipione Malpigli bolognese, 1472.

Dante, *Inf. – Purg. – Par.*

    D. Alighieri, *La Commedia secondo l'antica vulgata*, a cura di
    G. Petrocchi, Milano 1966-67.

Rime

    D. Alighieri, *Rime*, a cura di G. Contini, Torino 1965.

Vita nuova

    D. Alighieri, *Vita nuova*, a cura di D. De Robertis, Milano-
    Napoli 1980.

Francesco da Barberino, *Documenti d'Amore*

    I Documenti d'Amore di Francesco da Barberino, a cura di F.
    Egidi, Roma 1905-27.

Leonardo, *Scritti scelti*

    L. da Vinci, *Scritti scelti*, a cura di A. M. Brizio, Torino 1968.

Lorenzo, *Corinto*

    L. de' Medici, *Corinto*, in *Opere*, a cura di T. Zanato, Torino
    1992.

Laude

    L. de' Medici, *Laude, ibid.*

Selve

    L. de' Medici, *Selve, ibid.*

Machiavelli, *Istorie fiorentine*

    N. Machiavelli, *Istorie fiorentine*, in *Tutte le opere*, a cura di
    M. Martelli, Firenze 1971.

Petrarca, *Africa*

    F. Petrarca, *L'Africa*, a cura di N. Festa, Firenze 1926.

Rerum memorandarum libri

    F. Petrarca, *Rerum memorandarum libri*, a cura di G. Billa-
    novich, Firenze 1945.

RVF

    F. Petrarca, *Canzoniere*, a cura di G. Contini, Torino 1964.

Triumphi

    F. Petrarca, *Triumphi*, a cura di M. Ariani, Milano 1988.

Pico, *Carmina*

    P. O. Kristeller, *Giovanni Pico della Mirandola and his sour-*
    ces, in *L'opera e il pensiero di Giovanni Pico della Mirandola*
    nella storia dell'Umanesimo, Convegno internazionale (Mi-
    randola, 15-18 settembre 1963), Firenze 1965, I, pp. 35-142,

appendice I, *Unpublished poems by Giovanni Pico della Mirandola*, pp. 85-107.

Heptaplus
   G. Pico della Mirandola, *De hominis dignitate, Heptaplus, De ente et uno e scritti vari*, a cura di E. Garin, Firenze 1942.

Opera omnia
   Opera omnia Ioannis Pici, Mirandulae Concordiaeque Comitis [...], Basileae, ex officina Henricpetrina, 1572.

Pistoia, *I sonetti faceti*
   I sonetti faceti di A. Cammelli secondo l'autografo ambrosiano, a cura di E. Pèrcopo, Napoli 1908.

Poliziano, *Rime*
   A. Poliziano, *Rime*, a cura di D. Delcorno Branca, Venezia 1990.

Stanze
   A. Poliziano, *Stanze cominciate per la giostra di Giuliano de' Medici*, a cura di V. Pernicone, Torino 1954.

Prosatori latini del Quattrocento
   Prosatori latini del Quattrocento, a cura di E. Garin, Milano-Napoli 1952.

Pulci, *Morgante*
   L. Pulci, *Morgante*, a cura di F. Ageno, Milano-Napoli 1955.

Testa
   N. V. Testa, *Di Giovan Pico della Mirandola e dei suoi contributi in rima alla lirica del Quattrocento*, L'Aquila 1902.

SONETTI

I.

Dagli occhi de Madonna el solfo prende
Amore, et ha per mantici i desiri
vani: el cor soffia un vento de sospiri,
4 che in me, che stopia sum, la fiamma incende.

E lei, quando pur scalda, giova e offende
el cor mio stanco, e fra dolci martiri
l'alma, qual uom che or ami et or s'adiri,
8 in un momento ella mi toglie e rende.

Sonetto a schema ABBA ABBA, CDECDE, di struttura arcaica nella
sirima a rime replicate, il secondo in quanto a diffusione (II presenze).
Assonanza in CE. Rima inclusiva e ricca 9 *strido* : 12 *rido*.

1. *Dagli occhi ... prende*: la movenza iniziale è mimetica dell'andamento
che caratterizza *RVF* CCCXLVIII 1-9, «Da' piú belli occhi ... prendean vita
i miei spirti». – *el*: è la variante dialettale (ma nel '400 normalmente anche toscana) dell'art. det. masch. sing. – *solfo*: zolfo, l'elemento che innesca l'incendio. Non ignoto al Petrarca: *RVF* CLXXV 5, «solfo et ésca son
tutto». 1-2. *prende / Amore*: non si trascuri il deciso *enjambement*.
L'applicazione della figura, peculiare dello stile pichiano, appare infatti
sistematica nelle quartine (vv. 2-3, 5-6, 7-8), determinando il particolare
movimento ritmico-sintattico della fronte. 3. *vani*: sebbene mai riferito
a *desiri*, è aggettivo di scontata matrice petrarchesca: basti pensare a *RFV*
I 6, «fra le vane speranze e 'l van dolore». – *soffia un vento de sospiri*: al-
l'incrocio di suggestioni dantesche (*Inf.* XXIII 113, «soffiando ne la barba
con sospiri», ma anche *Purg.* V 15, «già mai la cima per soffiar di venti») e
petrarchesche (*RVF* XVII 2, «con un vento angoscioso di sospiri» e
CLXXXIX 7-8, «la vela rompe un vento humido eterno | di sospir'»). Si no-
ti inoltre l'allitterazione *soff*ia ... *sos*piri, con rimando a *solfo* del v. 1. 4.
stopia: scempiamento per 'stoppia', paglia, materia insomma facilmente
infiammabile. – *sum*: sono, latinamente. Anche qui suoni allitteranti: *me*
... *stopia* ... *sum* ... *fiamma*. 5. *lei*: la fiamma. L'impiego della forma
obliqua del pron. in funzione di sogg. non è tratto inconsueto nella lingua
quattrocentesca (vedi P. V. Mengaldo, *La lingua del Boiardo lirico*, Firenze 1963, pp. 108-9). – *giova e offende*: coppia antitetica (*giova* latinamente
transitivo) di gusto petrarchesco (cfr. *RVF* CLVI 3, «mi giova et dole»),
come del resto *or ami et or s'adiri* (v. 7) e *mi toglie e rende* (v. 8), sempre in
chiusura di verso. 6. *cor mio stanco*: cfr. *RVF* CCXLII 1, «stanco mio
cor». – *dolci martiri*: ossimoro. 7-8. *l'alma ... ella mi toglie e rende*: al-
l'*enjambement* si assommano anastrofe e iperbato.

Cosí di lode e di lamenti io strido,
e nel mar navigando senza remo
11 longe da lito, a salvo porto arrivo.

Cosí ridendo io piango e in pianto rido,
temendo io spero e nel sperar piú temo,
14 moro vivendo e poi morendo io vivo.

9. *di lode e di lamenti*: evidenziata dall'allitterazione (la *l* si propaga quindi anche al v. 11: *longe ... lito*), ancora una dittologia antinomica. D'altro canto, auspice un Petrarca tòpico, le intere terzine insistono sulla frizione e sul paradosso dei contrari. – *lode*: la desinenza *-e* per il pl. dei sost. e agg. femm. in *-e* è diffusa sia in area lombarda che toscana (e vedi nel prosieguo 11 10 *arte* e 14 *ale*, VIII 4 *parte*, IX 10 *dolce*, XXIV 4 *errante*, ecc.). 10-11. Nel distico è il singolo lessema a denunciare la patente e capillare ascendenza petrarchesca. *navigando ... / longe da lito*: ancora un'inarcatura. – Il sintagma *senza remo* (v. 10) compare, per la verità al pl., in analogo contesto di temuto naufragio anche presso Giusto de' Conti, *La bella mano* LXVIII 1, «Solo fra l'onde senza remi e sarte». 12-14. Nell'àmbito canonico dei 'miracoli d'amore' (tipico peraltro di tanta coeva, o appena successiva, poesia cortigiana), per la compresenza riso-pianto (v. 12) valga il rinvio, meramente indicativo, a *RVF* CXXXIV 12, «Pascomi di dolor, piangendo rido» e CLXXII 10, «del mio ben pianga, et del mio pianger rida», cosí come per timore-speranza (v. 13) ancora a CXXXIV cit. 2, «e temo, et spero, et ardo, et son un ghiaccio», mentre per morte-vita (v. 14) può aver contato il suggerimento di CCVII 40, «Di mia morte mi pasco, et vivo in fiamme». Al di là poi della reiterata *annominatio* (v. 12 *ridendo ... rido, piango ... pianto*; v. 13 *temendo ... temo, spero ... sperar*; v. 14 *moro ... morendo, vivendo ... vivo*), colpisce la davvero scaltra retorica della disposizione. Se infatti i vv. 12 e 13 presentano un chiasmo, per cosí dire, semantico (*ridendo ... piango ... in pianto rido; temendo ... spero ... nel sperar ... temo*), il v. 14 da tale punto di vista propone, con intento di *variatio*, una sequenza simmetrica (*moro vivendo ... morendo ... vivo*), all'interno della quale però un ulteriore incrocio prolifera, relativo ai modi verbali: gli indicativi agli estremi, i gerundi al centro. Si osservi infine che nei due versi precedenti invece *ridendo* (v. 12) e *temendo* (v. 13) sono dislocati in apertura.

II.

De doe trece racolte in crespi nodi
Amor fe' el laccio che me avolse al collo,
e poi lo strinse, sí che nulla pòllo
4   soglier, se Morte non sia che lo snodi.

Dal lume de quegli ochi, che in tal modi
gitta talor, che invidia move Apollo,
reacesse il pecto dentro, e sí avampollo,
8   che sol di suspirar par che lui godi.

Sonetto a schema ABBA ABBA, CDEDEC (4 presenze). Assonanza
in CD. Rima derivata 1 *nodi* : 4 *snodi*; inclusiva e ricca 3 *pòllo* : 6 *Apollo* : 7
avampollo; inclusiva 9 *male* : 14 *ale*.

1-4. La prima quartina è, con poche variazioni autonome, la risultante di
un intarsio condotto su *RVF* CXCVII 9-11, «le chiome bionde, e 'l crespo
laccio | che sí soavemente lega et stringe | l'alma» e CXCVI 12-14, «torsele il
tempo poi in piú saldi nodi, | et strinse 'l cor d'un laccio sí possente, | che
Morte sola fia ch'indi lo snodi». È probabile inoltre che la rima 2 *collo* : 6
Apollo legittimi la messa in circolo anche di *RVF* XXVIII 61 collo : 65 Apol-
lo, tanto piú dati i vv. 62-63, «il velo | ch'è stato avolto intorno agli occhi
nostri». 1. *De doe*: allitterazione. *doe* per 'due' è forma di koinè. – *trece
racolte*: scempiamenti tipici dell'area settentrionale e normali all'interno
della compagine dei sonetti pichiani (solo qui ad es. v. 2 *avolse*, v. 5 *ochi*,
v. 7 *avampollo*, v. 12 *acorte*, v. 13 *anidaro*). 3-4. *pòllo* / *soglier*: lo può
sciogliere, con assibilazione padana. Si noti naturalmente l'*enjambement*,
come in seguito ai vv. 5-6 e 7-8. 4. *soglier, se ... sia ... snodi*: evidente l'allitterazione, del resto già nel modello; ma il fonema s circola con insistenza in tutto il componimento. 5. *Dal*: con valore strumentale, lo stesso
del parallelo *De* al v. 1. – *lume de quegli ochi*: comune in Petrarca: ad es.
RVF CCLXIV 77, «e 'l lume de' begli occhi che mi strugge». 6. *gitta*:
saetta, intendendo gli sguardi. – *che invidia move Apollo*: in quanto sole.
Importerà *RVF* CLVI 5-6, «que' duo bei lumi, | ch'àn fatto mille volte
invidia al sole». Un'eco all'omofonia *invidia move* in *avampollo* del v.
successivo: pure *v*, oltre a *s* (cfr. v. 4), è suono ricorrente. 7. *reacesse*:
raccese, con conservazione dell'originario prefisso *rea(d)*-. Ipercorretto
l'erroneo raddoppiamento, secondo una tendenza piú volte verificabile
nell'intero *corpus* . – Può darsi che per la contiguità di *dentro* e *avampollo*
abbia contato *RVF* XXXV 8, «di fuor si legge com'io dentro avampi».
8. Stereotipo atteggiamento petrarchesco.

Gli acti suavi, inizio del mio male,
ché i marmi fan di cera l'arte maghe,
11 furon quel cun qual me involò a me stesso.

Le belle acorte parolette vaghe
nel cor se l'anidaro, che poi spesso
14 per volar d'indi indarno spiega l'ale.

---

9. *acti suavi ... mio male*: tutti sintagmi derivati da Petrarca, per cui vedi ad es. *RVF* XVII 10, «veggio ... gli atti soavi», ma soprattutto LXII 4, «mirando gli atti per mio mal sí adorni». Il contatto allitterante *mio male* si ripercuote e amplifica nel verso seguente in *marmi* e *maghe*, con la complicazione di ulteriori corrispondenze: *ma*rmi ... *ce*ra ... *a*rte.   10. *arte maghe*: pratiche di magia, sogg. Cfr. *RVF* CI 11, «ma forza assai maggior che d'arti maghe».   11. Cfr. *RVF* LXXI 106-7, «m'infiammi | a dir quel ch'a me stesso m'invola». – *quel ... qual ... me ... me*: alla paronomasia tien dietro l'anafora. – *cun*: con, comune esito da *cum* latino.   12. Nell'economia di una serie attributiva di chiara ascendenza petrarchesca, *acorte parolette* trova preciso riscontro in *RVF* CLXXXIII 2, «et le soavi parolette accorte».   13. *nel cor se l'anidaro*: cfr. *RVF* CCCLX 70, «'l mio core, in che s'annida». – *l'*: pleonasmo. – *che*: il cuore.   14. Vedi *RVF* CLXXXII 14, «chi volar pensa, indarno spiega l'ale». – *per volar d'indi*: per liberarsi dalle parolette che lo intrigano. – *d'indi indarno*: al di là della fonte, ancora un nodo di omofonie.

III.

Amor, che gli ochi mei facti han dui fiumi,
a nova piaga piú non resta loco,
e sí distructo m'ha l'antico fuoco,
4   ch'altra fiamma non ha che piú consumi.

El dir, che per cangiar e' fier costumi
d'altrui s'affaticò già tanto, è roco;
el viso in contemplar colei è fioco,
8   ch'abaglia noi, benché p'ogni altro alumi.

E pur m'aventa una nova ferita

Sonetto sullo stesso schema di II. Rima inclusiva 10 *arda* : 12 *guarda*.
1. Petrarchesca è la metafora del fiume di lacrime: *RVF* CXXX 5, «onde
[dagli occhi] e' [il sole, cioè Laura] suol trar di lagrime tal fiume» e, spe-
cialmente, CCLXXIX 10-11, «a che pur versi | degli occhi tristi un doloroso
fiume?» (: 9 consume). Il pl. invita inoltre a tener conto anche, in area semantica peraltro contigua, di CCCXXXII 54, «chiuda omai queste due fonti di pianto». Ma è ben probabile nella fattispecie la mediazione di Giu-
sto de' Conti, *La bella mano* XCIX 7-8, «quest'ochi in fiumi | Son già con-
versi», in forza della quasi perfetta specularità nel sistema delle parole rima delle quartine: 2 alumi : 3 consumi : 7 fiumi e 1 foco : 5 loco : 8 roco. –
dui: due, con metafonesi. E non si tralasci di notare che ben sei parole su
nove nel verso terminano in -*i*.   2. *piaga piú*: allitterazione. – *loco*: tre
delle parole rima di B trovano riscontro anche in *RVF* CXXXIII: 2 foco : 3
roco : 6 loco.   3. *l'antico fuoco*: d'amore. Con l'occhio a *fiamma* del v. 4,
ovvio il rimando al virgiliano «Adgnosco veteris vestigia flammae» di
Aen. IV 23, magari coniugato con il ricordo di *Purg.* XXX 48, «conosco i
segni de l'antica fiamma».   4. *ha*: esiste.   5-6. *El dir ... è roco*: cfr. *RVF*
CXXXIII cit. 3-4, «et son già roco, | donna, mercé chiamando, et voi non
cale». – *costumi / d'altrui*: enjambement (come poi, complicato da iperbato, ai vv. 7-8 e 9-10).   5. *dir ... cangiar ... fier*: r, qui in successione finale, è suono variamente rilevante anche nel prosieguo del componimen-
to.   6. *d'altrui*: della donna.   7. *viso*: nell'economia di un contesto lessi-
cale tutto imputabile ai *RVF*, quale appare quello della seconda quartina,
è tratto dantesco (ad es. *Par.* XXVII 6) e vale facoltà visiva, vista. – *fioco*:
debole.   8. *ch'*: da riferire a *colei* del v. precedente. – *noi*: pl. modestiae. –
p': poi. – *alumi*: illumini, forma di uso sia dantesco che petrarchesco.
9-10. Amore infierisce rinnovando i suoi assalti, nonostante la disperata

Amore, e un'altra face che piú m'arda;
11 né l'empietà d'altrui a dir mi move,

né men belleza vòl ch'ancor io guarda.
Cosí par che riposso el cor non trove,
14 s'Amor, Madonna, o Morte non me aita.

condizione dell'amante dichiarata ai vv. 2-4. *m'aventa ... Amore*: un'eco
da *RVF* LXXXVI 2, «onde Amor m'aventò già mille strali».   9. *nova ferita*: richiama *nova piaga* del v. 2. Che un preciso intento anaforico presie-
da alla testura della sirima è del resto evidente: *Amore* v. 10 corrisponde,
in apertura di verso, ad *Amor* v. 1, simmetricamente ripreso, in chiusura
di testo, da *s'Amor* v. 14; *né* v. 11 è speculare a *né* v. 12; *d'altrui* v. 11 andrà
collegato con *d'altrui* v. 6, dando altresí luogo a paronomasia con *altra* v.
10, mentre *dir* v. 11 ha un precedente in *dir* v. 5.   12. *men*: da riferirsi, sca-
valcato il forte iperbato, a *guarda*. – *belleza*: sempre *d'altrui*, come *l'empietà* del v. 11.   13. *riposso ... non trove*: ipercorretta la forma geminata
(cfr. 11 7). L'espressione è petrarchesca: ad es. *RVF* CCLXXXII 12, «Sol un
riposo trovo in molti affanni».   14. *s'Amor, Madonna, o Morte*: per sif-
fatta triade vedi *RVF* CCXII 11, «sol Amor et madonna, et Morte, chia-
mo». – *non me aita*: la clausola dantesca (*Purg.* IV 133, «se orazïone in prima non m'aita») torna piú d'una volta anche in Petrarca (ad. es. *RVF*
XXIII 15, «E se qui la memoria non m'aita»).

IV.

Dapoi che doi begli ochi, che mi fanno
cantar del mio Signor sí novamente,
avamparo la mia gelata mente,
4   si volge in lieta sorte il secondo anno.

Felice giorno, che a sí dolce affanno
fu bel principio, onde nel cor si sente
una fiamma girar sí dolcemente,
8   che men beati son che in celo istanno!

L'ombra, le piume e la pigricia e l'ocio

Sonetto a schema ABBA ABBA, CDECED (5 presenze). Rima inclu-
siva 1 *fanno* : 4 *anno* : 5 *affanno* : 8 *istanno* e 10 *parte* : 14 *arte*; derivata 2 *novamente* : 3 *mente* : 7 *dolcemente* e 9 *ocio* : 12 *negocio*.

  1. *Dapoi ... doi*: da notare allitterazione e rima interna (per *doi* cfr. II 1). –
begli ochi: è sintagma quasi obbligatorio in Petrarca: bastino i «duo begli
ochi che legato m'ànno» di *RVF* LXI 4.   1-2. *mi fanno / cantar*: enjambement (altri ai vv. 6-7 e 10-11). – *Signor sí*: ancora allitterazione.   2-3.
La rima *novamente* : *mente* guida dritto a *RVF* CXXXI, di cui Pico utilizza i
vv. 1, «Io canterei d'amor sí novamente» e 4, «raccenderei ne la gelata
mente».   4. Formularia evocazione dell'anniversario, sulla scorta di
RVF LXII 9, «Or volge, Signor mio, l'undecimo anno».   5-6. *Felice gior-*
no ... principio: inevitabile il ricordo di *Triumphus Cupidinis* I 2-3, «per la
dolce memoria di quel giorno | che fu principio a sí lunghi martiri». Per
Felice giorno, piú che su *RVF* CCCXLIX 9, «O felice quel dí», sarà il caso
di puntare su CCXLV 14, «o felice eloquentia, o lieto giorno», che rende
ragione anche di *lieta sorte* del v. 4.   5. *dolce affanno*: ossimoro, come in
RVF LXI cit. 5, «et benedetto il primo dolce affanno».   6. *bel principio*:
il sintagma in *Triumphus Fame* I 27, «dopo sí glorioso e bel principio». –
nel cor si sente: qualcosa di simile in *RVF* CCXIII 6, «e 'l cantar che ne l'a-
nima si sente», con l'avvertenza però che la successiva clausola in rima *sí*
dolcemente (v. 7) induce a chiamare in causa anche *RVF* CCLXVIII 50,
«che sona nel mio cor sí dolcemente» (: 47 sente).   7. *una fiamma girar*:
pur nell'impossibilità di un rinvio cogente, appare sicura immaginazione
paradisiaca: si pensi a XXI 136-37, «A questa voce vid'io piú fiammelle | di
grado in grado scendere e girarsi».   8. *che in celo istanno*: coloro che
stanno in cielo. L'alternanza fra *celo* e *cielo* è comune nella lingua del
tempo. Il verbo presenta la prostesi della *-i* di seguito a parola che termi-
na per vocale (ma si dovrà tener conto della sinalefe).   9. Con in filigra-

m'avean conducto dove la piú parte
11 è di color di cui non si fa stima,

ma Amor mi scorsi a piú degno negocio.
E se dolce ad alcun par la mia lima,
14 Madonna è quella, e non l'ingegno o l'arte.

na l'*incipit* di *RVF* VII, «La gola e 'l somno et l'otïose piume» (Testa, p.
35), la serie dei sostantivi è qui simmetricamente spartita fra asindeto e
polisindeto. Le metonimie *ombra* e *piume* sono in qualche modo chiosate
da *pigricia* e *ocio*, la cui forma grafica con *-ci-* per *-zi-* è consueta al Nord
(e vedi anche *negocio* al v. 12).   10-11. Allude a una sorta di anientamen-
to e dannazione morale. *color di cui non si fa stima* saranno, dantescamen-
te, gli ignavi, il *vulgo piú vile* (di cui si dirà oltre a XXVI 3). Sempre viva
l'attenzione per l'aspetto fonico: *di c*olor *di c*ui ... *s*i ... *s*tima, come è possibile rilevare anche in apertura del v. successivo: *ma Am*or (per di piú in
rima con il sovrapposto *color* del v. 11) *mi*.   12. La potenza educatrice
d'Amore è un tòpos della cultura umanistica. *scorsi*: per la desinenza in *-i*
della 3ª sing. del perfetto cfr. P. V. Mengaldo, *La lingua del Boiardo* cit.,
p. 126. – *negocio*: impegno, latinismo.   13. *lima*: capacità poetica, la cui
dolcezza è autorizzata da *RVF* CCXCIII 7, «et non ò piú sí dolce lima» (ivi
inoltre in XX la quasi omologa rima 6 lima : 7 extima).   14. In rima con
parte (qui al v. 10) l'accoppiata *ingegno* e *arte* è prima dantesca (*Purg.*
XXVII 128-30) e quindi petrarchesca (*RVF* CCCVIII 12-14). Non si trascuri
inoltre quanto il Pico dichiara della propria attività poetica in *Carmina* 3,
8, «Ingenio et numeris nil valet, arte minus».

SONETTI

11

V.

Amor, focoso giacio e fredda face;
Amor, mal dilectoso e dolce affanno;
Amor, pena suave et util danno;
4 Amor, eterna guerra senza pace.

Amor, tetro timor, speme fallace;
Amor, bugïa, fraude, sdegno e inganno;

Sonetto a schema ABBA, ABBA, CDCDCD, con 15 presenze il piú
attestato. Rima inclusiva e ricca 2 *affanno* : 7 *fanno*.

1. *Amor*: il termine chiave in apertura di verso è replicato per ben 12 volte
(con la minima variazione di *Amore* al v. 9), salvo che ai vv. 8 e 14, gli uni-
ci due luoghi che presentano un minimo di articolazione sintattica: il primo in *enjambement* con il v. precedente, l'altro caratterizzato da una
proposizione relativa. L'assillo anaforico che connota il componimento
va oltre consimili estreme prove del Petrarca (si consideri *RVF* CLXI, *O
passi sparsi, o pensier' vaghi e pronti*, in cui l'esclamativo-vocativo torna 9
volte in prima sede) e richiama piuttosto esperienze di àmbito strambottistico, tipiche del Serafino o di certo Poliziano. Il programmatico intento definitorio attinge invece sempre a stereotipi materiali petrarcheschi
(comprese le rime, tranne quelle della seconda quartina), sicché la palese
natura di centone dell'insieme esime per questa volta dall'esibizione del
puntuale riscontro per ciascuna tessera. Andrà inoltre evidenziato che
ancora al modello è da addebitarsi la generalizzata attitudine stilistico-
retorica a far leva sulle dittologie antitetiche (vv. 1, 2, 5, 11) o sinonimiche
(vv. 3, 9, 10), siano esse sindetiche o asindetiche, e sull'ossimoro (vv. 1, 2,
3, 5, 10; ma ugualmente attinenti al registro paradossale sono i vv. 8 e 14).
– *focoso*: si noti la rima interna con *dilectoso* al v. 2. A parte i casi determi-
nati dalla ripetizione di *Amor*, il fenomeno è riscontrabile anche al v. 13:
Amor, segnor. – *giacio*: esito palatale padano . – *focoso ... fredda face*: allitterazione, come subito dopo al v. 2 *dilectoso ... dolce* e quindi al v. 7
false ... fanno.   2. *mal dilectoso e dolce affanno*: chiasmo, a differenza
del v. precedente ove la coppia risulta simmetrica. Per *dolce affanno* cfr.
IV 5.   5. *Amor, tetro timor*: complessa risonanza di omofonie, per certi
elementi affine a quella messa in atto nel primo emistichio del v. 11:
Am*or, roco parlar*.   6. *bugïa ... inganno*: a variare l'usuale andamento
dicotomico dei predicati, una serie quaternaria di sostantivi, parallela-
mente ripresa, con un individuo in meno, all'inizio della seconda terzina
(v. 12). Pure in questo caso scontato il lasciapassare petrarchesco: se ne
vedano esempi in *RVF* CCCXIV 5, CCCXXV 82, ecc., per non parlare del
proverbiale CCCIII 5.

Amor, false promesse, che l'uom fanno
8 gioir del mal come d'un ben verace.

Amore, amaro felle, amaro asenzio;
Amor, vane speranze e van desiri;
11 Amor, roco parlar, longo silenzio.

Amor, faville, lacrime e sospiri;
Amor, segnor crudel piú che Mezenzio,
14 che gode sempre de gli altrui martiri.

---

9. La paronomasia, cara prima che al Petrarca (*Triumphus Cupidinis* I 76-77) a tanta poesia medioevale latina e volgare (cfr. la nota dell'Ariani al luogo testé citato, p. 93), è qui giocata in maniera volutamente ambigua, riferendosi *amaro* non ad *Amore*, bensí al successivo *felle* (fiele). L'aggettivo viene quindi replicato, con scontata applicazione ad *asenzio*, il quale in rima con *silenzio* (v. 11) si trova anche in *RVF* CCXV 11-14.   10. *vane ... van*: ancora un'anafora.   13. *Mezenzio*: è l'«asper ... contemptor divom» virgiliano (*Aen.* VII 647-48). In rima con *asenzio* (v. 9) è già in Petrarca, *Triumphus Mortis* II 43-45.

VI.

Quando del sol la corruscante lampa
risplende, e quando a noi la nocte viene;
quando di neve son le spiage piene,
4 quando Zefir di fior le pinge e stampa,

quel mio nimico da cui uom mai non scampa,
per farme viver sempre in doglia e in pene,
cun lumi, laci, stral, fiamme e catene
8 mi piglia, punge, lega, abaglia, avampa.

Sonetto sullo stesso schema di v. Rima composta ed equivoca 9 *m'armo* : 11 *marmo*; derivata 9 *armo* : 13 *disarmo*; povera 10 *giurerei* : 12 *saprei* : 14 *mei*.

1-4. La costante anafora di *quando*, adibita a designare la totalità del tempo, obbedisce al modulo del «*seu ... seu* dell'*obsecratio* classica» (secondo l'indicazione di D. De Robertis, *Leopardi e Foscolo*, in aa.vv., *Lezioni sul Foscolo*, Firenze 1981, p. 57). Ben noto al Petrarca (*RVF* LXXII 13-14, «e quando 'l verno sparge le pruine, | et quando poi ringiovenisce l'anno», oppure CXLI 23-24, «et quando a terra son sparte le frondi | et quando il sol fa verdeggiar i poggi», nonché CCLXV 5-6, «ché quando nasce et mor fior, herba et foglia, | quando è 'l dí chiaro, et quando è notte oscura»), esso attraversa la nostra lirica sino al Foscolo del celeberrimo *Forse perché della fatal quïete* (vv. 3-6). Molto oculata poi nella quartina la *iunctura*, che associa anastrofe ed *enjambement* ai vv. 1-2: *del sol la corruscante lampa / risplende* e ancora scompagina al v. 3 l'*ordo naturalis*: *di neve son le spiage piene*.   1. *corruscante*: lucente. È voce dantesca: cfr. ad es. *Par.* v 126, «perch' e' [il lume] corusca sí come tu ridi». – *lampa*: in rima, consente di riconoscere la derivazione dell'intero sistema di A da *RVF* CCCLXVI: 16 lampa : 19 scampa : 20 avampa : 23 stampa.   4. *Zefir ... fior*: voluta omofonia. D'obbligo il rimando a *RVF* CCCX, ove i due termini appaiono materialmente sovrapposti ai vv. 1-2, «Zephiro torna, e 'l bel tempo rimena, | e i fiori». – *pinge e stampa*: dittologia sinonimica.   5. *quel mio nimico*: Amore, il crudele *segnor* appena deprecato in v. Cosí anche in *RVF* CLXXXIX 3-4, «et al governo | siede 'l signore, anzi 'l nimico mio». In sintagma perfettamente sovrapponibile (salvo il genere) la definizione spetta per antonomasia a Laura: cfr. ad es. CCLXI 3-4, «miri fiso nelli occhi a quella mia | nemica». – *uom*: nessuno.   6. *in doglia e in pene*: cfr. *RVF* CCLVIII 9, «L'alma, nudrita sempre in doglia e 'n pene».   7-8. Abbinamento di congerie nominale (cfr. v 6 e 12) e verbale (vedi *RVF* CCIV 2 e CCLXXXVI 4), caratterizzato dalla *rapportatio*: *lumi, abaglia; laci, piglia;*

E se talor di quei pensier io m'armo,
che sí forte mi fan, ch'io giurerei
11 d'esser piú forte che mai petra o marmo,

súbito poi, né come dir saprei,
ardo qual cera e me stesso disarmo,
14 in soccorso d'Amore e danni mei.

---

stral, punge; fiamme, avampa; catene, lega. Reiterate allitterazioni: *l*umi, *l*aci (v. 7); *p*iglia, *p*unge ... *a*baglia, *a*vampa (v. 8).   9. *armo*: in rima con *marmo* (qui al v. 11) già in *RVF* cxcvii 11-14. L'intero lessico delle terzine del resto è attestato in Petrarca.   10. *che ... ch'* (ma *che* anche nel v. successivo), *forte ... fan*: elementi anaforici e allitteranti.   10-11. *giurerei/ d'esser piú forte*: *enjambement*, con anafora, rispetto al v. precedente, di *forte*, parola chiave della terzina.   11. *petra o marmo*: l'accostamento è in *RVF* cclxv cit. 11, «consumar vidi marmi et pietre salde».   13. *ardo qual cera*: affinità con la condizione segnalata in *RVF* cxxxiii 1-2, «Amor m'à posto ... come cera al foco».   13-14. *e me stesso disarmo, ... e danni mei*: esito paradossale: l'amante, impotente a difendersi, finisce per venire in aiuto del suo nemico e danneggiare quindi se stesso.

VII.

Un sguardo altero e vergognoso e vago,
un minio che uno avorio bianco pinge,
gli ochi mei stanchi a lacrimar suspinge
4 mutandoli in un rivo, un fiume, un lago.

E mentre lor contemplan l'altrui imago,
perdo la propria, e for di me mi spinge
el vigor di quei lumi ch'Amor tinge
8 e 'l stral contra cui mai valse erba né mago.

Sonetto sullo stesso schema di II. Rima inclusiva e ricca 2 *pinge* : 3 *su-spinge* : 6 *spinge* (3 e 6 anche derivata) e 5 *imago* : 8 *mago*; ricca 9 *ragione* : 14 *pregione*. Ipermetro il v. 8.

1. *altero e vergognoso e vago*: assemblaggio di tessere dai *RVF* con intento omofonico. Le prime due danno luogo a ossimoro.   2. *minio*: il rosso delle labbra; è l'unica occorrenza non petrarchesca della quartina. – *che*: sogg. – *uno avorio bianco*: l'incarnato candido; due volte in tale accezione nei *RVF*: CLXXXI II e CXCIX 10.   3. Cfr. *RVF* CCLXXXVIII 6-8, «di lonta-no | gli occhi miei stanchi lei cercando invano, | presso di sé non lassan loco asciutto».   4. *un rivo, un fiume, un lago*: climax ascendente. Una terna di sostantivi chiude la quartina, come una di attributi l'aveva aper-ta. Cfr. inoltre III 1, e, per *lago*, *RVF* CCXLII 4, «or vorria trar de li occhi nostri un lago», ma anche Boiardo, *Amorum libri* III 161, 4, «piagnendo, ha fatto de' begli ochi un lago».   5-7. Sorte analoga in qualche modo pa-tisce il cacciatore di *RVF* XXIII (la canzone delle metamorfosi) 157, «ch'i' sentí trarmi de la propria imago»; ma una certa sintonia è dato cogliere anche con l'affermazione dello stesso Pico in *Carmina* 2, 27, «Vix vivo, vix vera hominis mihi restat imago».   6. *Perdo ... propria ... me mi*: varie allitterazioni. – *propria*: mia.   6-7. *mi spinge / el vigor*: enjambement. Dalla rottura sintattica sarà poi dominato l'andamento delle terzine: vv. 9-10, 10-11, 12-13.   7. *el vigor di quei lumi*: di «vigor» in rapporto ai «lu-mi» di Laura si dice in *RVF* LXXI 61-66.   8. *'l*: aferesi per *el* (o *il*), forma dell'art. normale nell'Italia settentrionale davanti a *s* impura, almeno fino al Bembo (vedi *Prose* III ix, p. 183). – *stral ... valse*: la canonica metafora della freccia corrisponde a «quel colpo, ove non valse elmo né scudo», inferto dagli «occhi beati», di cui in *RVF* XCV 6, oppure ancora in CXXXIII 5-6 «Dagli occhi vostri uscío 'l colpo mortale, | contra cui non mi val tempo né loco». Solita attenzione alla corrispondenza dei suoni in *stral contra cui*. – *erba né mago*: sarà corto circuito nei confronti di *RVF* LXXV 3, «et non già vertú d'erbe, o d'arte maga», sempre con allusione

Cosí mentre si scorda la ragione
di sé, vincta dal cieco et amoroso
11 desio, qual uom rimango che non sente;

e ben che 'l cor per ciò provi un noioso
stato, ben se ne dol, ma non se 'n pente,
14 quasi che goda de la sua pregione.

alla piaga procurata dai «begli occhi».   10-11. *di sé ... desio*: i rigetti dei
due *enjambements* consuonano.   11. *qual uom ... che non sente*: come
morto, giusta *RVF* CCXCII 8, «poca polvere son [le chiome e il riso], che
nulla sente».   12-13. *e ben ... ben se ne ... se 'n*: nell'intreccio anaforico,
da notare anche la simmetria con l'inizio copulativo della seconda quartina (v. 5).

VIII.

Dapoi che me convien in altra parte
volger i passi e pur lassar colei
che a pianger ne commove a invidia i dei,
4   che 'l nostro cor divise in mille parte,

l'alma nostra non già da qui si parte,
anzi rimane in compagnia di lei
ch'odí piatosamente i sospir mei,
8   e sol di noi se 'n va la piú vil parte.

Ferma speranza, immaculata fede,

Sonetto sullo stesso schema di IV. La parola rima di A è sempre *parte*
in entrambe le quartine (come in *RVF* XVIII), dando luogo a rima equivoca sia nella prima (vv. 1-4) che nella seconda (vv. 5-8) e però identica fra 4
e 8; rima derivata 2 *colei* : 6 *lei* e povera 2 *colei* : 3 *dei* : 6 *lei* : 7 *mei*, nonché
nelle terzine, 10 *pia* : 14 *via*.

1. *Incipit* causale, già esperito in IV 1. 1-2. *me ... passi*: il tema della dipartita, petrarchesco (ad es. *RVF* CCIX) e al tempo stesso frequente nella
poesia contemporanea, si propone attraverso materiali, piú o meno de-
contestualizzati, variamente attinti al serbatoio dei *RVF*: CXXVII 1-2, «In
quella parte dove Amor mi sprona | conven ch'io volga le dogliose rime»
e LXXXVIII 9-10, «Ond'io consiglio: Voi che siete in via, | volgete i passi».
– *convien ... / volger*: enjambement complicato da anastrofe e iperbato
(altre inarcature ai vv. 2-3 (con ripresa in 4), 6-7 e 12-13).   2. *pur*: perdi-
piú, intensivo. – *lassar*: la solita assibilazione settentrionale.   3. *che*: il relativo in apertura è ripreso anaforicamente ai vv. 4 e 7. – *commove a invidia i dei*: per tale prerogativa di Madonna o di suoi attributi cfr. II 6. Circa
la forma dell'art., si ricordi il Bembo di *Prose* III ix, p. 183 cit.: «Nel numero del piú è l'articolo del maschio *i* dinanzi a consonante».   5-6. Situazione stereotipa nella lirica amorosa.   7. *piatosamente*: tratto emilia-
no, con assimilazione regressiva (cfr. P. V. Mengaldo, *La lingua del Boiardo* cit., p. 62).   7-8. Al lento indugio del polisillabo centrale *piatosamente* (v. 7) si oppone la scansione monosillabica e prevalentemente ossitona
del v. successivo.   8. *la piú vil parte*: il corpo.   9-13. Affollato catalogo
di soggetti (il pred. verbale *saran* da ultimo al v. 14), in omaggio a un gusto
definitorio già dispiegato in V.

    memoria d'una mente altera e pia,
11 un amoroso desio, un giacio, un fuoco,

    un vago lume, ove d'Amor se vede
    la forza, un dolor longo, un breve gioco
14 sempre saran cun me, Donna, fra via.

10. *mente altera e pia*: per il sintagma *mente altera* cfr. *RVF* XXI 4. Altresí
da CCLXXXVI 6, «sí gelosa et pia», è garantita la presenza del secondo aggettivo all'interno di coppia antinomica in rima.   11. *un*: l'art. indeter-
minativo è ripetuto quindi ben 5 volte sino al v. 13. – *amoroso desio*: vedi
VII 10-11. – *un giacio, un fuoco*: accostamento canonico (cfr. *RVF* CL 6,
ecc.).   12. *vago lume*: cfr. *RVF* XC 3, ecc. – *vago … ove … vede*: ritorno
dei medesimi suoni, come poi al v. 14: *sempre saran*.   13. *un dolor longo,
un breve gioco*: ancora Petrarca, *Triumphus Cupidinis* I 12, «e dentro assai
dolor con breve gioco», mediante combinazione, nella versione pichiana, di antitesi e chiasmo. Il *breve gioco* varrà dunque, come nel modello,
poca gioia (Ariani, p. 81).   14. *fra via*: clausola in rima con *pia* (qui al v.
10) già in *RVF* CCLXXXVI cit. 6-7.

IX.

Io preso sono come un pesce in rete,
come ucello che ai rami l'ale invesca,
e son posto in pregion né vedo und'esca,
4 né men son pur mie voglie ardite e lete.

E sí com'io bevesse al fondo Lete,
di me mi scordo e par che non m'incresca
l'infelice mio stato, anzi s'infresca
8 ognor dal vagagiar la ingorda sete.

Dolci sospiri e dolce ogni tormento,
dolce le doglie son, dolci gli affanni,
11 dolce el pianto, el languir, dolce el lamento:

Sonetto sullo stesso schema di v. Rima inclusiva 2 *invesca* : 3 *esca* : 6 *incresca* : 7 *infresca* (6-7 anche ricca); ricca 9 *tormento* : 11 *lamento*.

1-2. Assume ed elabora *RVF* CCLVII 5, «Il cor, preso ivi come pesce a l'amo» e 8, «o come novo augello al visco in ramo», in combinazione con CCXI 10-11, «dolci parole ai be' rami m'àn giunto | ove soavemente il cor s'invesca» (: 14 esca).   3. Cfr. *RVF* CCXI cit. 14, «nel laberinto intrai, né veggio ond'esca». – *pregion*: la stessa di VII 14.   4. *né men son pur*: emistichio tutto monosillabico, con anafora di *son* rispetto al v. 3 (e *sono* anche al v. 1). – *pur*: tuttavia.   5. *bevesse al fondo Lete*: l'evocazione del fiume dantesco che dona l'oblio è filtrata attraverso *RVF* CXCIII 4, «et Lethe al fondo bibo».   6-8. Ennesime inarcature nel passaggio tra i vv. 6-7 e 7-8, la seconda complicata da iperbato.   6. *di me mi scordo*: cfr. VII 9-10. – *me mi ... m'*: elementi allitteranti e anaforici.   6-7. *e par ... stato*: cfr. VII 12-14.   7. *s'infresca*: si rinnova; lieve variante rispetto a «si rinfresca» (sempre in rima) di *RVF* XXXVII 49. Da osservare inoltre la paronomasia nei confronti di *incresca*, alla fine del v. precedente.   8. *dal vagagiar*: a causa del vagheggiare, del desiderio. Settentrionale la *-a-* protonica.   9-14. Di stretta osservanza petrarchesca l'intero sistema delle rime: *RVF* CXXXII 4 tormento : 5 lamento : 8 consento; LX e CCCLVII 4 affanni : 5 inganni ('nganni') : 8 danni.   9-11. Per l'insistita *repetitio* di *dolce* e i connessi effetti ossimorici la terzina risulta con ogni evidenza esemplata su *RVF* CCV, con particolare riguardo ai vv. 1-2, «Dolci ire, dolci sdegni et dolci paci, | dolce mal, dolce affanno et dolce peso». Le singole dolcezze hanno poi, data la loro natura proverbiale, varia cittadinanza all'interno del *Canzoniere* (e basti evidenziare la parentela che lega *dolce ogni tor-*

tanto può Amor cum soi fallaci inganni!
Tal, mal mio grado, al nostro mal consento,
14 e lui ringrazio ancor poi de mei danni.

mento del v. 9 al cit. *RVF* CXXXII 4, «onde sí dolce ogni tormento?», nonché *dolce el pianto* del v. 11 a CXXX 8, «è dolce il pianto»). In proprio il Pico accentua gli effetti fonici: *dolce ... do*glie *... dolc*i (v. 10) e *dolce el ... el* languir, *dolce el la*mento (v. 11). Congruente infine l'affermazione di *Carmina* 7, 8, «Omne adeo est dulce in amore malum», con significativa anafora di «dulce» ai vv. 9 e 11.   12-13. Per converso, sempre in *RVF* CXXXII 7-8, di Amore si dice: «O viva morte, o dilectoso male, | come puoi tanto in me, s'io nol consento?».   12. *cum*: con, mantenimento della forma latina.   13. T*al, mal m*io *... mal*: alla rima interna e all'allitterazione segue l'anafora. – *mal mio grado*: uso petrarchesco: vedi ad es. *RVF* VI 11. – *nostro*: *pl. modestiae*.

X.

Amor m'ha posto como al giogo el bue,
como al sol brina, e son qual uom ch'è privo
di sentimento, e s'el sia morto o vivo
4   de iudicar ne sta spesso intra due.

Tanto può in me con le bellezze sue
quel bel viso legiadro, altero e divo,
de cui piangendo in tante carte io scrivo,
8   adombrandone el stile or una or due.

Ma tu, fiero Fanciul, perché disciolta

   Sonetto sullo stesso schema di v. Rima povera 1 *bue* : 4 *due* : 5 *sue* : 8
due (4 e 8 anche identica); ricca 2 *privo* : 7 *scrivo*.

1-2. *Amor … brina*: cfr. *RVF* CXXXIII 1-2, «Amor m'à posto come segno a
strale, | come al sol neve», con variante desunta dal mondo animale (vedi
IX 1-2).   1. *como*: come, forma arcaica, se non dialettale.   2. *sol … son*:
annominatio. Rilevante la frequenza del fonema *s* anche nel prosieguo
della quartina: *sentimento … s'el sia* (v. 3) e *sta spesso* (v. 4).   2-3. *e son …
privo / di sentimento*: cfr. VII 11. Da notare l'*enjambement*, cifra costante
dello stile pichiano, come è dato rilevare ancora ai vv. 9-10 e 10-11.   3. *el*:
egli, forma di koinè. – *sia morto o vivo*: cfr. *RVF* CV 89, «che mi fa morto
et vivo».   4. *ne sta spesso intra due*: modulato su *RVF* CLXVIII 7, «et vi-
vomi intra due», che offre altresí al v. 2 la spinta alla rima identica (qui al
v. 8).   5-8. Complesso intarsio operato su *RVF* CCCVIII 5-11, mediante il
prelievo delle seguenti tessere: «bellezze» (v. 6), «stile» e «bel viso» (v.
8) (ma *quel bel viso legiadro* del v. 6 è, tale e quale, in *RVF* CLIX 3), «or
una, or due» (clausola in rima al v. 11). Per il v. 7 bisognerà invece ricorre-
re, in forza della rima con *vivo* del v. 3, a *RVF* CV cit. 88, «per cui nel cor
via piú che 'n carta scrivo» (: 89 *vivo*), con un occhio magari a Giusto de'
Conti, *La bella mano* XLIV 14, «Che d'altri io parli e scriva in tante carte».   5. *Tanto può*: cfr. IX 12.   8. *adombrandone*: raffigurandone. – *el*:
per l'art. davanti a *s* impura vedi VII 8. – *stile*: sogg.   9. *Ma tu*: l'attacco
avversativo della sirima (poi articolata dal Pico in due simmetriche serie
di interrogative: v. 9 *perché* e v. 12 *Perché*) è ricorrente in Petrarca: *RVF* I
9, XL 9, XLIV 9, LXXVIII 9, LXXXV 9, ecc. – *fiero Fanciul*: Amore, il petrarchesco «garzon crudo» di *Triumphus Cupidinis* I 23. E si noti l'allitterazione (come poi al v. 10: *lassi … lei … leghi* e ai vv. 12: *non li … non la* e 14
nostra … non neghi, con ripetuta anafora della negazione).

lassi andar lei e ognor piú stretto leghi
11 el cor, che fu legato un'altra volta?

Perché non li comandi, o non la preghi
che, mentre l'alma è nel corpo sepolta,
14 premio alla nostra servitú non neghi?

10. *leghi*: termine chiave, in quanto ribadito nel v. successivo.   11. *un'altra volta*: chiude anche il v. 12 di *RVF* CCLXXI, componimento in cui il poeta confida che Amore ha «un altro lacciuol fra l'erba teso, | et di nova ésca un altro foco acceso» (vv. 6-7).   12-14. Intrinseco al codice amoroso antico e contemporaneo il desiderio di mercede in cambio del servizio, espresso qui in termini di litote (v. 14). Il tutto in contraddizione con quanto il Pico dichiara in chiusura del *De duodecim conditionibus amantis*: «servire illi, nihil cogitando de praemio aut mercede» (in *Opera omnia*, p. 134).   12. *li*: comune per 'le', a lei.   13. *mentre l'alma è nel corpo sepolta*: che in vita l'anima sia rinchiusa nel corpo è concezione platonica circolante nel *Fedone* e nel *Fedro*, accolta dal ciceroniano *Somnium Scipionis* (XIV 14, «Immo vero, inquit, hi vivunt qui e corporum vinclis tamquam e carcere evolaverunt») e ben presente al Petrarca (ad es. *RVF* LXXII 20, «aprasi la pregione, ov'io son chiuso» e CCCXLIX 9-11, «O felice quel dí che, del terreno | carcere uscendo, lasci rotta et sparta | questa mia grave et frale et mortal gonna», nonché *Triumphus Mortis* II 34-35, «La morte è fin d'una pregione oscura | all'anime gentili»).   14. *nostra: pl. modestiae*.

XI.

Ch'io languisca tuttora amando quella
di cui la viva imagine, ch'io scolpo
ne la mia mente afflicta, und'io mi spolpo,
4   fa che 'l spirto dei membri mei si svella,

no 'l Cel, non la Fortuna o la mia stella,
non quel da cui discese el mortal colpo
qua giú nel cor, non la mia donna incolpo,
8   ma solo el Mastro che la fe' sí bella.

Sonetto sullo stesso schema di v. Rima rara 2 *scolpo* : 3 *spolpo*; inclusiva e ricca 2 *scolpo* : 6 *colpo* : 7 *incolpo* (2 e 6 anche derivata); derivata 9 *potenzia* : 13 *onnipotenzia*.

1. *Ch'io languisca*: ampia prolessi, per cui il verbo reggente (*incolpo*) è si-
tuato al v. 7. Iperbato e anastrofe improntano del resto la sintassi dell'intero componimento, ulteriormente mossa dal gioco delle inarcature (vv.
1-2, 2-3, 6-7 e 12-13).   2. *viva imagine*: cfr. *RVF* CLVII 2, «mandò sí al cor
l'imagine sua viva». – *scolpo*: scolpisco. Il tòpos naturalmente anche in
RVF L 63-68, «Misero me, che volli | quando primier sí fiso | gli tenni nel
bel viso | per iscolpirlo imaginando in parte | onde mai né per forza né per
arte | mosso sarà».   3. *mi spolpo*: vedi *RVF* CXCV 10, «infin ch'i' mi di-
sosso et snervo et spolpo» (: 13 colpo).   4. *fa*: il sogg. è *la viva imagine*
del v. 2. – *spirto ... si svella*: allitterazione. Notevole peraltro è che le parole rima dei vv. 2-5 incominciano tutte per s + cons. – *dei*: dai. – *si svella*: in
rima, indirizza a *RVF* CCVI 35-36, «finché si svella | da me l'alma», con
l'opportunità di rintracciare nella prima stanza di tale canzone il medesimo sistema delle rimanenti parole rima di A nelle nostre quartine: 1 quella : 5 stella : 9 bella.   5. *no*: la negazione è subito ripresa nel prosieguo e
quindi ai vv. 6 (in apertura) e 7. – *Cel ... Fortuna ... stella*: non inusuale
l'impiego di un trinomio (cfr. I 5, III 14, V 12, ecc.), qui ribadito in chiusura
di entrambe le terzine (vv. 11 e 14). La combinazione di *Fortuna* e *stella* è
riscontrabile nella serie «O mia stella, o Fortuna, o Fato, o Morte» di
RVF CCXXVIII 12.   6. *quel*: Amore, che provoca con lo strale la canonica
ferita.   6-7. *discese ... incolpo*: vedi *RVF* II 7, «quando 'l colpo mortal là
giú discese», senza trascurare che *mortal colpo* si trova in rima con *incolpo* ai vv. 11-14 di *RVF* CCII, ove peraltro si dichiara la non responsabilità
della donna nell'evento.   8. *Mastro*: Dio, quindi il «mastro eterno» di
RVF LXX 42; ma è probabile che il termine sia stato enucleato, con diversa valenza, dal contesto di *RVF* CXXX 9-11, «Et sol ad una imagine m'atte-
gno, | che fe' non Zeusi, o Prasitele, o Fidia, | ma miglior mastro [Amo-

Quivi el vigor, quivi la sua potenzia,
quivi mostrò sue forze manifeste,
11 quivi l'arte, l'industria, la prudenzia;

quivi mostrò come un spirto celeste
coprir se può, per sua onnipotenzia,
14 sotto mortal, caduca e fragil veste.

re], et di piú alto ingegno». 9-14. La pertinenza della donna amata alla
sfera celeste è garantita dalle speculazioni stilnovistiche, prima ancora
che petrarchesche (ad es. *RVF* LXXVII 5-8, CCXLIII 3 e CCLXVIII 34-36), ed
è uno dei frutti della volontà di «Que' ch'infinita providentia et arte | mo-
strò nel suo mirabil magistero» (*RVF* IV 1-2).   9. *Quivi*: in Madonna, nel
farla cosí bella. L'anafora dell'avverbio è tratto piuttosto dantesco (vedi
Inf. V 35-36, «quivi le strida, il compianto, il lamento; | bestemmian quivi
la virtú divina») e condiziona le terzine fino al v. 12, con addizione del
verbo (*quivi mostrò*) in apertura dei vv. 10 e 12.   12. *un spirto celeste*: cfr.
RVF XC 12-13, «Uno spirto celeste, un vivo sole | fu quel ch'i' vidi».
14. Serie del tipo «questa mia grave et frale et mortal gonna» di *RVF*
CCCXLIX 11. La coppia *caduca e fragil* è ravvisabile immediatamente di seguito nell'*incipit* di CCCL, «Questo nostro caduco et fragil bene».

XII.

Ochi, fate el terreno umido e molle
dove il polve segnò collei col passo,
ch'or fa vostro vigor, fugendo, casso,
4 che in quel che non è lei oprar non volle.

Piangete, rivi, piangete, ombroso colle;
pianga ogni sterpo, ogni virgulto e sasso,

Sonetto sullo stesso schema di II. Assonanza in AE. Ipermetro il v. 5.

1. L'invito a piangere è rivolto agli occhi in *RVF* LXXXIV 1, «– Occhi, piangete: accompagnate il core». Nel nostro caso essi assistono alla partenza di Madonna (mentre in VIII il poeta aveva espresso il dolore in occasione di una propria dipartita). Per la fortuna del tema nella poesia fra Quattro e Cinquecento, e in particolare presso il Poliziano (*Rispetti* XLVI, LXXV e LXXIX), si veda il commento di D. Delcorno Branca alle *Rime*, p. 181. – *umido e molle*: attribuisce al terreno aggettivi che in Petrarca sono abitualmente riservati agli occhi (ad es. *RVF* CCCVI 7, «porto 'l cor grave et gli occhi humidi e bassi» e L 62, «perché dí et notte gli occhi miei son molli?»), ma bisognerà tenere in debito conto piuttosto CCXLIII 7-8, «va o contando ove da quel bel piede | segnata è l'erba, et da quest'occhi è molle», dato che tutte le parole rima delle quartine, salvo *casso* del v. 3, risultano prese di lí: 1 colle : 4 tolle: 5 volle : 8 molle; 9 passo : 11 lasso : 13 sasso.   2. Oculatissimo impasto fonico: *dove ... polve ... coll*ei *col* passo (e forte il legame dell'ipercorretto *coll*ei con *molle* del v. precedente). Sistematica e significativa del resto la disseminazione (al di là della *repetitio* del verbo *piangere*) di elementi omofonici e allitteranti lungo l'intero arco del componimento: v. 3 *fa vostro vigor, fugendo*; v. 4 *quel ... lei ... vol*le; v. 6 *sterpo ... virgulto ... sasso*; v. 7 *compagnia ... cor languido ... lasso*; v. 8 *nel ... ne*; v. 9 Piangete *... paese*; v. 10 *Driade ... aria* (poi al v. successivo *chiaro*); v. 11 *per ... partita*; v. 12 *lingua, lagne*; v. 13 *piú parole*; v. 14 *voce voi*. – *il polve*: masch., latinismo. – *segnò collei col passo*: vedi *RVF* CCXLIII 7-8, giusto cit. al v. 1.   3. *ch'*: riferito a *collei* del v. precedente. Il relativo è quindi ripreso al v. 4 (due volte) e 8. – *fa ... casso*: annulla.   4. *che ... non volle*: il *vostro vigor* del v. 3. – *oprar*: impegnarsi, funzionare.   5. *Piangete*: la dolente e tòpica esortazione e la sua multipla anafora, che improntà di sé il cuore del testo sino al v. 10, rimandano a *RVF* XCII, *Piangete, donne, et con voi pianga Amore*, per la morte di Cino da Pistoia. – *ombroso colle*: tale in *RVF* CCXLIII cit. 1, «Fresco, ombroso, fiorito et verde colle».   6. Chiarificatore il rinvio a *RVF* CCLXXXVII 9-14, «Non è sterpo né sasso in questi monti, | non ramo o fronda verde in queste piagge, | ... che non sappian quanto è mia pena

in compagnia del cor languido e lasso,
8 che Madonna nel suo partir ne tolle.

Piangete, Ninfe e voi che nel paese,
Driade, sete; e tu, arïa, piagne
11 per la partita del tuo chiaro sole.

Pecto, suspira; e tu, mia lingua, lagne;
orechie, non odete piú parole:
14 da ogn'altra voce voi serete offese.

---

acerba», con riferimento al pianto del poeta per il «súbito partir» di
Laura che «è gita al cielo» (vv. 5-6).   7. *in compagnia del cor*: varrà
l'«accompagnate il core» del cit. *RVF* LXXXIV 1. – Che poi il *cor* sia *lasso*
non è una novità: *RVF* CIX 14, CXXV 56, ecc.   8. Ancora soccorre *RVF*
CCXLIII cit. 5, «il mio cor che per lei lasciar mi volle» (: 4 tolle). *ne*: ci (*pl.
modestiae*), al poeta.   9-10. *e voi che nel paese, / Driade, sete*: forte inarcatura accentuata dall'iperbato. *nel paese*: il locativo richiama il cit. *RVF*
XCII 2, «piangete, amanti, per ciascun paese».   10. *Driade*: ninfe dei bo-
schi. – *e tu, arïa, piagne*: secondo l'auspicio di *RVF* CCCXXXVIII 9, «Pianger l'aer et la terra e 'l mar devrebbe», per la morte di Laura. *piagne* in rima con *lagne* (qui al v. 12) è nell'altrettanto luttuoso CCCXI 1-7.   11. *chiaro sole*: solito ascendente petrarchesco in *RVF* CCCVIII 13, «ch'un chiaro
et breve sole al mondo fue».   13. Vedi *RVF* CCLXXV 5, «Orechie mie,
l'angeliche parole» (: 1 sole).

XIII.

Or su, ponette mo ne la Fortuna
vostre speranze, o miseri mortali,
che a l'uom, quanto piú vola, tarpa l'ali,
4 facta di bianca in un momento bruna!

Cosa ferma non è sotto la luna!
E poi che fra sí pochi beni e frali
cagion è un viver longo a tanti mali,
8 felice è chi de vita è spento in cuna.

Sonetto sullo stesso schema di I. Rima inclusiva 2 *mortali* : 3 *ali* : 6 *fra-li* : 7 *mali*; povera 9 *noi* : 12 *foi*; a incastro 11 *sera* : 14 *s[p]era*.

1-2. Il tema, lungi dalle complesse implicazioni filosofiche che ebbe a rive-stire in altra sede per il Pico (si pensi all'*Oratio de hominis dignitate*), è af-frontato sotto la piú convenzionale specie della meditazione intorno alla precarietà dei beni terreni, secondo una prospettiva di larga diffusione nella poesia coeva. Le mosse sono prese dal Petrarca del *Triumphus Eter-nitatis* 49-54, «Misera la volgare e cieca gente, | che pon qui sue speranze in cose tali | che 'l tempo le ne porta sí repente! | O veramente sordi, ignu-di e frali, | poveri d'argomenti e di consiglio, | egri del tutto e miseri morta-li!» 1. *ponette*: per il tipo di raddoppiamento cfr. 11 7. – *mo*: l'avverbio, di ampia attestazione nella *Commedia*, possiede qui valore enfatico, raf-forzativo: dunque. 2. *miseri . mortali*: allitterazione. 3. Cfr. *RVF* CXXXIX 1-4, «Quanto piú disïose l'ali spando | verso di voi, o dolce schiera amica, | tanto Fortuna con piú visco intrica | il mio volare». 4. A indica-re un radicale mutamento, cosí anche in Dante *Par.* XXII 93, «tu vederai del bianco fatto bruno», nonché in Boiardo, *Amorum libri* I 18, 13, «càn-giasse mortal sorte or bianca or bruna». 5. Vedi *Triumphus Eternitatis* cit. 1-2, «Da poi che sotto 'l ciel cosa non vidi | stabile e ferma». La clausola in *RVF* CCXXIX 12-13, «un piú gentile | stato del mio non è sotto la luna», con ascendenza dantesca in *Inf.* VI 64, «ché tutto l'oro ch'è sotto la lu-na». 6. *sí pochi beni e frali*: simile, pur se non identica, la *iunctura* con epifrasi in *RVF* XXXVII 26, «sí gravi i corpi et frali», che consente comun-que di ravvisare, almeno parzialmente, il sistema delle parole rima di B: 26 frali : 27 mortali : 30 ali; senza sottovalutare 52 frali : 54 mortali nel cit. *Triumphus Eternitatis*. 7-8. Il concetto è quello di *Triumphus Temporis* 133-37, «cieca [la gente], che sempre al vento si trastulla, | e pur di false opi-nion si pasce, | lodando piú il morir vecchio che 'n culla. | Quanti son già fe-lici morti in fasce! | quanti miseri in ultima vecchiezza!», presente in forma ottativa anche in *RVF* CCCLIX 36, «Ch'or fuss'io spento al latte et a la culla».

O almanco, mentre el celo è amico a noi,
compire alora la giornata nostra
11 è meglio che aspetare in sin a sera.

Oh quanto è amaro a l'uom a dir – Io foi! –
E certo apertamente ne 'l dimostra
14 quanto sia cieco chi nel mondo spera.

9. *celo ... amico*: cfr. *RVF* CCLXXXIX 2, «ch'ebbe qui 'l ciel sí amico et sí
cortese». 10-11. Tessere prelevate da *RVF* CCCII 8, «et compie' mia
giornata inanzi sera». Da notare il gusto per l'allitterazione in *aspetare in
sin a sera*. 12. Ha tutta l'aria di un assemblaggio di luoghi danteschi: *Inf.*
I 4-7, «Ahi quanto a dir qual era è cosa dura ... Tant'è amara che poco è
piú morte» e XVI 84, «quando ti gioverà dicere "I' fui"». 14. Cfr. *RVF*
CCCXIX 5-6, «Misero mondo, instabile et protervo, | del tutto è cieco chi
'n te pon sua mente», che è poi anche riflessione del *Triumphus Mortis* I
85-88, «Miser chi speme in cosa mortal pone | (ma chi non ve la pone?) e
se si trova | a la fine ingannato, è ben ragione. | O ciechi, el tanto affaticar
che giova?». Il Testa, p. 48, rinvia inoltre all'esclamazione «O caecas ho-
minum mentes, o pectora caeca» che conclude la meditazione pichiana
intorno a coloro i quali sono implicati «in voluptatibus mundi» nell'*Epistula Ioanni Francisco nepoti* del 15 maggio 1492 (in *Opera omnia* cit., p.
341; ed. moderna all'interno dei *Prosatori latini del Quattrocento*, p. 826).

XIV.

S'io vi guardo, Madonna, el vigor che esce
de quei lumi leggiadri mi fa un sasso;
se gli ochi altrove io volgo o a terra abasso,
4   manco qual tracto fuor de l'unda pesce.

Cosí ogni nostro operar a mal riesce,
e son già del passar sí vinto e lasso,
che sol de non aver al primo passo
8   compíto el mio camino el me rincresce.

Io ne adimando a Amor spesso consiglio,
che, mal per me, fui süo, se l'antica
11   sua medicina al cor infermo offende;

Sonetto a schema ABBA ABBA, CDEDCE (7 attestazioni). Assonan-
za in AE. Rima inclusiva 1 *esce* : 4 *pesce* : 5 *riesce* : 8 *rincresce* (1 e 5 anche
derivata).

1. Particolarmente gradito l'*incipit* ipotetico al Pico se lo impiega in altre
cinque occasioni: XX, XXIII, XXVI, XXVII, XXXII. Discreto l'avallo petrarchesco (una dozzina di casi).   1-2. *el vigor che esce / de quei lumi*: cfr. VII
7. Netto l'*enjambement*, come spesso non isolato: vv. 7-8 e 10-11.   2. *lumi
leggiadri*: accostamento allitterante di termini usuali in Petrarca. – *mi fa
un sasso*: cfr. *RVF* CCCLXVI III, «Medusa et l'error mio m'àn fatto un sasso» (: 107 passo : 114 lasso), che esplicita la matrice ovidiana della trasfor-
mazione (*Metam.* V 177-249).   3. *se*: ripresa anaforica rispetto al v. 1.
Analoghe corrispondenze in apertura dei vv. 6-12 (*e ... et*) e 7-10 (*che ...
che*). – *gli ochi ... a terra abasso*: vedi *RVF* XV 8, «et gli occhi in terra lagri-
mando abasso» (: 1 passo : 4 e 5 lasso).   4. *manco*: vengo meno, secondo
accezione anche petrarchesca. – *qual tracto fuor de l'unda pesce*: iperbato.
Il paragone ittico già in IX 1.   5. Qualunque cosa io faccia sortisce un
esito negativo.   6-8. Cfr. XIII 8-11.   6. *passar*: vivere. – *vinto e lasso*:
stanco, dittologia sinonimica di gusto petrarchesco.   8. *el ... el*: all'art.
tien dietro il pleonastico pron. impersonale neutro. – *rincresce*: circa il sistema delle parole rima di A, si tenga d'occhio *RVF* LVII: 3 *incresce* (con
lieve variazione dunque) : 6 *pesce* : 7 *esce*.   10. *che*: da riferirsi a *Io* del v.
precedente. – *mal per me, fui süo*: cfr. *RVF* CCCLX 61, «Poi che suo fui
non ebbi hora tranquilla». – *mal ... me ... süo, se*: allitterazioni. – *antica*:
in rima con *dica* (qui al v. 12) due volte in Petrarca: *RVF* LXXVI 2-7 e
CXXVIII 114-17.   11. *sua*: paronomasia rispetto a *süo* del v. 10. – *medicina*:
stando alla terapia consigliata ai vv. 13-14, si dovrà intendere la vista di

et ei par che a l'orechia, al cor mi dica:
– Gemina el sguardo, e non sera' im periglio:
14 fura nel primo, e nel secondo rende. –

Madonna, giusta, ad. es., Boiardo, *Amorum libri* II 110, 7-8, «sol può dar
vita al tramortito core | la vista che è cagion di tanto male».   12-14. Per
Amore che risponde in chiusura a dubbi o quesiti del poeta, vedi ad es.
RVF XV cit. 12-14 o CCCLIV 9-14.   12. Evidente il ricorso a *RVF* CCXVIII 5,
«Amor par ch'a l'orecchie mi favelle». *et ei par che a l'orechia, al cor ...
dica*: particolare attenzione al rimando dei suoni.   13. *Gemina*: raddop-
pia, latinismo. – *sera'*: sarai, apocope. – *im periglio*: in pericolo, con assimilazione parziale nella preposizione.   14. *fura*: ruba, un altro latinismo. – *rende*: restituisci. Si noti infine l'andamento chiastico del verso.

XV.

Poi che l'alma mia luce al ciel è gita,
ove ogni altra parer fa vile e obscura,
misero me infelice, che piú dura
4 esser cosa a me può che stare in vita?

Perché seco là su non è salita
che in amarla qui pose ogni sua cura?
Aspra Morte, che sempre el meglior fura
8 su la piú verde etate e piú fiorita!

Gli occhi leggiadri e quel bel viso adorno,

Sonetto sullo stesso schema di 1. Assonanza in DE. Rima ricca e inclusiva 2 *obscura* : 6 *cura*.

1. Il rinvio ad analogo motivo nei *RVF* coinvolge un'intera costellazione
di testi: XCI, CCLI, CCLXVIII, CCLXXVIII, CCLXXXVIII, CCLXXXIX. *l'alma mia
luce*: cfr. *RVF* CCLI cit. 2-3, «È dunque ver che 'nnanzi tempo spenta | sia
l'alma luce», senza dimenticare «L'alma mia fiamma» di CCLXXXIX cit. 1
e «l'almo mio lume» di CCCXXIX 10. – *l'alma mia luce al ciel è gita*: varie allitterazioni e omofonie, secondo un gusto ribadito ai vv. 5 (seco *là su* ... *sa*lita)
e 14 (*sempre* ... *spesso*, *se ne pen*te). – *al ciel è gita*: come *RVF* CCLXXXVIII
cit. 5, «è gita al cielo».   2. *vile e obscura*: la coppia, pur se invertita, è petrarchesca: *RVF* CCLXX 36, «nebbia oscura et vile».   3. *misero me*: l'attacco interiettivo e allitterante non manca in Petrarca: *RVF* L 63 e LXXXIX
12.   3-4. *che piú dura* / *esser cosa a me può*: si coniugano *enjambement*,
iperbato e anastrofe. Per *dura ... cosa* in rima con *obscura* (v. 2) avrà gioca-
to la memoria automatica relativa all'esordio della *Commedia* (*Inf.* I
2-4).   4. *vita*: in rima con *salita* (v. 5) trova riscontro in *RVF* XCI 3-6.   6.
che: stante il femm. *salita* del v. 5, dovrà intendersi 'colei che', cioè la vita,
l'anima dell'amante, sogg. ricavabile in qualche modo dai vv. 3-4 della
quartina precedente. – *cura*: per la rima con *fura* (v. 7) vedi *RVF* CCXLVIII
4-5.   7. Cfr. *RVF ibid.* 5-6, «perché Morte fura | prima i migliori». Il sin-
tagma *Aspra Morte* in *Triumphus Pudicitie* 140.   8. Vedi *RVF* CCLXXVIII
cit. 1, «Ne l'età sua piú bella et piú fiorita», nonché CCCXV 1, «Tutta la
mia fiorita et verde etade». Circa l'epifrasi cfr., dello stesso Pico, XIII 6.
9. *occhi leggiadri*: cfr. XIV 2. La *iunctura* è comune in Petrarca (ad es. *RVF*
LXXI 7), e lo stesso dicasi per *bel viso adorno* (LXXXV 7 e CXXII 13).

le man di fresca rosa e bianca neve
11 or polve sun, che nulla cura o sente.

Cosí tutti alla terra fan ritorno:
però chi spera in cosa cosí breve
14 sempre, ma tardo spesso, se ne pente.

10. Stereotipo che dal Petrarca (*RVF* CXCIX-CCI), attraverso il canzoniere di Giusto de' Conti, dilaga nelle raccolte di rime fra Quattro e Cinquecento. Ovvio dunque il rimando a CXCIX cit. 9-10, «caro guanto | che copria netto avorio e fresche rose», XXXVII 98, «le man bianche sottili» e CLXXXI 11, «la man ch'avorio et neve avanza», anche se, va detto, *bianca neve* non è attestato. Da non sottovalutare infine il ruolo che potrebbe aver giocato CXXXI 9, «et le rose vermiglie infra la neve» (: 12 breve).   11. Esemplato su *RVF* CCXCII 8, «poca polvere son, che nulla sente». *sente* in rima con *pente* era già stato utilizzato dal Pico in VII 11-13.   13. *cosa cosí*: paronomasia.   14. *tardo*: avverbio, come ad es. *RVF* LXXXIX 12, «Misero me, che tardo il mio mal seppi». Riflessioni sul tardivo pentimento anche in Boiardo, *Amorum libri* II 78, 14, «tardi il cognosco e tardi me ne pento».

XVI.

Ecco doppo la nebia el cel sereno
che invita li uccelletti andare a schera;
ecco la luce che resplende ove era
4   di caligine opaca dianci pieno.

Afligice mo, Invidia, aspro veneno
a cui t'alberga! abassa la tua altera
testa, ché chiunque alfine in Dio non spera,
8   presto ne veni ogni sua forza al meno!

Carità cun Iustizia e intera Fede,
che sempre furno a me fide compagne,
11 secur mi fan de chi fra via m'assale;

e mentre el cor, ch'è in me, da lor se vede
acompagnato andar, poco gli cale
14 di che altrui rida, o di che alcun si lagne.

Sonetto sullo stesso schema di IV. Assonanza in DE. Rima inclusiva 2
schera : 3 *era* : 6 *altera* : 7 *spera*.

1-4. Le notazioni idilliche sono in realtà da interpretarsi in chiave etica.
1. *Ecco*: attacco (qui con ripresa al v. 3) piuttosto dantesco (*Inf.* XVII 1) che
non petrarchesco, ma non inconsueto, per rimanere in àmbito prossimo
al Pico, negli *Amorum libri* del Boiardo (I 26, II 152, III 169).   2. *schera*: la
rima con *era* (v. 3), in rapporto alla disposizione degli uccelli in volo, anche in *Purg.* XXIV 65-67.   4. *caligine*: *hapax* dantesco (*Purg.* XI 30). –
dianci: grafia di area padana.   5. *Afligice*: tormentami (*-ce*: pl. *modestiae*). – *mo*: cfr. XIII 1. – *aspro veneno*: apposizione.   5-6. *aspro veneno /
a cui t'alberga*: enjambement (altre inarcature ai vv. 6-7, con insistenza sul
suono *t*, 12-13 e 13-14).   6. *a cui t'alberga*: per chi ti ospita.   8. *veni*: viene
(per la desinenza *-i* della 3ª sing. del presente cfr. P. V. Mengaldo, *La lingua del Boiardo* cit., pp. 118-19).   9. *intera Fede*: totale lealtà (e si noti
l'*annominatio* con *fide* del v. successivo).   10-11: *che sempre furno ... me
fide* compagne, / *secur mi* fan ... *fra ... m'*: varie allitterazioni e omofonie.   10. *furno*: furono, forma sincopata.   12. *mentre*: finché.   13. *cale*:
importa.   14. Tipico verso di 'bottega' petrarchesca nella dicotomia sot-
tolineata dall'anafora (*di che ... di che*) e nell'opposizione semantica (*rida
... si lagne*). *lagne*: classica parola rima dei *RVF*: ad es. CCCXI 7, «ch'altri
che me non ò di ch'i' mi lagne».

XVII.

Che fai, alma? che pensi? Ragion, desta
lo spirto, ché la voglia è già trascorsa
là dove ogni salute nostra è in forsa,
4 se la diffesa tua non sarà presta;

aluma el core; el penser vago aresta;
cosí fa' el senso, che punto lo smorsa.
O scogli, o mar falace, ove era corsa
8 la debil barca mia in sí atra tempesta!

Da ora inanci fia piú l'ochio interno

Sonetto sullo stesso schema di 1. Assonanza in CD. Rima ricca 4 *pre-
sta* : 5 *aresta*; 9 *interno* : 12 *eterno*; 10 *spento* : 13 *pento* (per di piú inclusiva).

1-4. Il dissidio tra ragione e voglia è primario in Petrarca: ad es. *RVF* CI 12-
13, «La voglia et la ragion combattuto ànno | sette et sette anni», oppure
CCXI, che, dichiarando in apertura «Voglia mi sprona» (v. 1), conclude al
v. 7, «regnano i sensi, et la ragion è morta», per non dire di CCXL 5-7, «I'
nol posso negar, donna, et nol nego, | che la ragion, ch'ogni bona alma af-
frena, | non sia dal voler vinta».   1. *Che ... pensi?*: assume *in toto* i due in-
terrogativi iniziali di *RVF* CL 1, «– Che fai, alma? che pensi?» (ma si consideri anche CCLXXIII 1-3, «Che fai? che pensi? ... Anima sconsolata»).
1-2. *desta / lo spirto*: prima di una serie di rotture del rapporto fra metro e
sintassi (le altre ai vv. 2-3, 7-8 e 9-10).   3. *in forsa*: in forse. La rima è rara
e trova perfetto riscontro in *RVF* CLII: 4 inforsa (è la forma verbale) : 5
smorsa : 8 corsa.   5. *aluma el core*: vedi *RVF* CCXL cit. 9-10, «Voi, con
quel cor, che di sí chiaro ingegno, | di sí alta vertute il cielo alluma», so-
prattutto tenendo conto, in rapporto al contesto, dei vv. 5-7, appena sopra riportati ai vv. 1-4. – *penser vago*: la stessa *iunctura* in *RVF* CCLXXIII
cit. 10.   6. Non del tutto agevole l'interpretazione. Si potrebbe intendere: riduci il senso in condizione tale, da non levargli mai il morso (*punto*
con valore di neg.).   7-8. La canonica metafora della vita in pericolo
(analoga sensazione già in 1 10-11) si rivela un *puzzle* di tessere petrarchesche: *RVF* LXXX 2, «su per l'onde fallaci et per li scogli»; CCXXXV 7, «la
debile mia barcha»; CLI 1, «Non d'atra et tempestosa onda marina». Ma
non manca l'immagine nei *Carmina* pichiani 7, 31, «Credita sic dubio
quassatur cimbula ponto».   9-11. Effetti simili a quelli proposti nell'*Epistula Ioanni Francisco nepoti* del 27 novembre 1492, come conseguenti alla meditazione intorno alla caducità dei beni terreni: «his atque similibus

acorto; ogni desir men bono è spento;
11 la mente accesa al ben, presta e gagliarda.

E se puncto te offesi, o Patre eterno,
perdoname, sí come io me ne pento:
14 sai che da' primi assalti om mal si guarda.

cogitationibus animum occupa, quae suscitent dormientem, tepescentem accendant, vacillantem confirment» (in *Opera omnia* cit., p. 346). 9. *fia*: sarà. – *l'ochio interno*: la capacità di discernimento interiore, secondo una definizione con ascendenza in *RVF* CCCXLV 12, ove in piú «l'occhio interno» rima con «Signore eterno» (v. 14).   10. *spento*: in rima con *pento* (qui al v. 13) già in *RVF* CCXXXI 5-8 (non indifferente inoltre la presenza del vocativo «o sommo Padre» al v. 13).   12. *puncto*: in qualcosa, in qualche modo, con valore di pron. ind.   13. *sí come io*: movenza affine a quella del *Pater noster*: «sicut et nos».

XVIII.

Lasso, che un'altra face el cor m'enfiamma,
che gli ardenti desiri ivi rinova
e l'antiquo pensier, nel qual si cova
4   el foco che me struge a dramma a dramma.

Felici anni nei quai chiamava mamma:
longi dal mal in cor l'alma si trova!
Pietà di me, Signor, tu che per prova
8   intendi qual è Amor, qual la sua fiamma!

E se talor con la mia donna parli,

Sonetto sullo stesso schema di I. Rima derivata I *enfiamma* : 8 *fiamma*; ricca 6 *trova* : 7 *prova*.

I. *Lasso, che*: avvio nel segno di *RVF* LXV I, «Lasso, che mal accorto fui da prima» e CCIII I, «Lasso, ch'i' ardo, et altri non me 'l crede». – *un'altra face el cor m'enfiamma*: cfr. in precedenza III 10, con un occhio, specialmente per la rima, a *RVF* CCLXX 17-18, «et la soave fiamma | ch'anchor, lasso, m'infiamma».   2. *gli ardenti desiri*: cfr., ma in contesto antitetico, *RVF* XVII 6, «pur acqueta gli ardenti miei desiri». – *ivi rinova*: da notare la consonanza.   3. *nel qual si cova*: clausola simile a quella di *RVF* CXXXVI 5, «in cui si cova».   3-4. *si cova / el foco*: enjambement, come poi ai vv. 7-8 e 10-11.   4. Omologa la sensazione espressa in *RVF* XVIII 3-4, «la luce | che m'arde et strugge dentro a parte a parte». La locuzione *a dramma a dramma*, basata sull'antica misura di peso (l'ottava parte d'un'oncia), varrà a poco a poco. Per via della rima con *mamma* (v. 5) e *fiamma* (v. 8), cogente il rimando a *Purg.* XXI: 95 fiamma : 97 mamma : 99 dramma.   5. *chiamava mamma*: ancora un reperto dantesco: *Inf.* XXXII 9, «né da lingua che chiami mamma o babbo».   6. *in cor l'alma si trova*: la sede dell'anima è, stilnovisticamente, il cuore.   7-8. In filigrana il celeberrimo «ove sia chi per prova intenda amore, | spero trovar pietà» di *RVF* I 7-8.   7. *Pietà*: allitterante rispetto al primo termine dei vv. 10 per, 11 *privo*, 12 *piaciati* (il medesimo fenomeno ai vv. 3 e *l'*, 4 *el*, 9 *E* e 13 *qual*, 14 *quanto*). – *Signor*: che si tratti di persona reale da identificarsi, per affinità elettive, con Lorenzo il Magnifico, è ipotesi avanzata dal Testa, p. 40.   9-14. In sostanza le terzine mimano le movenze di un congedo di canzone.   9. *E se talor*: a inaugurare la sirima già in *RVF* CCLIII 9, «Et se talor da' belli occhi soavi».

   per cui tuo fido amico andar si vede
11 privo del cor, de libertà e di pace,

   piaciati noto apertamente farli
   qual son gli affanni mei, qual è la fede,
14 quanto una mente altera a Dio dispiace.

11. *privo del cor*: in quanto rimasto in possesso di Madonna, secondo uno dei piú vetusti tòpoi della tradizione lirica (e cfr. in precedenza VIII 5-6).   12. *piaciati*: l'invito suona identico a quello di Farinata a Dante in *Inf.* X 24, «piacciati di restare in questo loco».   13-14. *qual ... affanni ... qual ... fede, / quanto ... mente altera ...Dio dispiace*: miscela di anafore, allitterazioni, varie omofonie.

XIX.

Che bisogna che piú nel mar si raspe,
fra tante frode e fra sí falsi inganni?
Parca, depone el fin a tanti affanni,
4   qual si sia quella che 'l mio fato inaspe!

Da l'erculëo freto al fiume Idaspe
si sa como abia perso i mei verdi anni

Sonetto sullo stesso schema di v. Assonanza in BC. Rima rara e inclusiva 1 *raspe* : 4 *inaspe* : 5 *Idaspe* : 8 *aspe*; apparentemente derivata 10 *distempre* : 12 *tempre*, ma in realtà, vista l'*aequivocatio* (che connota peraltro anche il rapporto fra 4 *inaspe* e 8 *aspe*), piuttosto inclusiva e senz'altro
ricca.

1. *Che bisogna*: l'attacco richiama *RVF* CCCLVIII 3, «Che bisogn' a morir
ben altre scorte?». – *nel mar si raspe*: si vada cercando, inutilmente, data
la vastità del luogo. Da notare il gioco fonico *mar si raspe*, mentre va detto
che *si*, autonomamente o come sillaba di altri termini, ritorna con insistenza nel corso del componimento: vv. 2 (anche *sí*), 4, 6 (due occorrenze, per via della sinalefe *perso i*), 8, 9, 10.   2. *fra ... frode ... fra sí falsi*: palese l'intento anaforico e allitterante, o comunque relativo alle omofonie,
che si estende per *f* ai vv. 3 *fin ... affanni*, 4 *fato* e 5 *freto ... fiume*. Convie-
ne addirittura evidenziare che, a loro volta, i fonemi *r* ed *s* punteggiano
l'intera testura del sonetto (basti per il secondo osservare l'inizio dei vv.
6, 8, 9, 10, 12 e 13). – *frode ... inganni*: l'accoppiata, con inversione e al singolare, si trova in *RVF* CCLIII 7, «o chiuso inganno et amorosa froda».
Circa *inganni*, trattasi di parola rima fornita, come le altre di B, da *RVF*
LX: 1 *anni* : 4 *affanni* : 5 *inganni* : 8 *danni*.   3-4. Utilizza *RVF* CCX 5-6,
«Qual dextro corvo o qual mancha cornice | canti 'l mio fato, o qual Par-
ca l'innaspe». Il testo del Petrarca, oltre a offrire, come vedremo, ulteriori elementi delle quartine, è responsabile di tre delle parole rima di A: 1
Ydaspe : 6 innaspe : 7 aspe.   3. *Parca*: Morte (latinismo), invocata affin-
ché ponga fine alle sofferenze del poeta. Delle tre divinità (Cloto, Lachesi
e Atropo) preposte, secondo il mito, al dipanarsi dell'umano destino, sarà naturalmente l'ultima. – *el fin a tanti affanni*: ipotizzabile intarsio di
clausole da *RVF* CV 72, «al fin degli affanni» e CCVII 10, «in tanti affanni».   4. *inaspe*: avvolga sull'aspo.   5. Dalle Colonne d'Ercole (*freto* è
latinismo per stretto) allo Jhelum, affluente dell'Indo: da occidente a
oriente insomma (e vedi *RVF* CCX cit. 1, «Non da l'hispano Hibero a l'indo Ydaspe»).   6. *si sa como*: il modulo, qui impersonale e allitterante, ritorna, con esplicito soggetto in apertura dei vv. 10 e 12. Tutta imperniata
su analoga dichiarazione anaforica di coscienza, rigorosamente però in 1ª

in adorar colei, che nei mei danni
8 si gloria, a mie pregher' sorda qual aspe.

Sino gli ucelli, i fiummi, i monti e campi
san como suspirando si distempre
11 il pecto stanco e como il cor avampi;

san como Amor e in che diverse tempre
senza pietà me incenda con doi lampi:
14 donque meglio è morir che languir sempre.

---

pers. («so come»), la parte finale (vv. 151 sgg.) di quella sorta di riepilogo
del *Canzoniere* che è il cap. III del *Triumphus Cupidinis*. – *mei*: il possessi-
vo è ribadito due volte ai vv. 7 e 8.   6-7. *como abia perso ... / in adorar*:
prima di una serie di inarcature, che si estende poi ai vv. 7-8, 9-10, 10-11 e
12-13.   8. *sorda qual aspe*: cfr. *RVF* CCX cit. 7, «sorda com'aspe». Che la
vipera si turi le orecchie per non udire le parole dell'incantatore è caratteristica segnalata dalla tradizione dei bestiari.   9-10. *gli ucelli ... san*: il catalogo indirizza a *RVF* XXXV 9-11, «sí ch'io mi credo omai che monti et
piagge | et fiumi et selve sappian di che tempre (: 13 sempre) | sia la mia vi-
ta» e 1, «Solo et pensoso i piú deserti campi» (: 8 avampi). Analoga con-
statazione nel Boiardo di *Amorum libri* I 16, 9-10, «ché la cagion è aperta |
a le fiere e li augelli ai fiumi ai sassi». La *e* del v. 9, a fine serie, andrà intesa
piuttosto come congiunzione che non come articolo, per analogia con i
precedenti v 6 e 12, VI 7 e il seguente XXIV 9.   10. *distempre*: strugga. Il sistema delle parole rima in D appare mutuato da *RVF* LV: 12 sempre : 14
distempre : 15 tempre.   11. *como il cor avampi*: cfr. *RVF* XXXV cit. 8,
«com'io dentro avampi».   12. *san como Amor*: vedi *Triumphus Cupidinis* III cit. 169, «so come Amor». – *tempre*: modi. La clausola *in che diverse tempre* risulta affine a quella di *RVF* LV cit. 15, «in sí diverse tempre».   13. È concetto espresso per esteso già in precedenza: I 1-4 e II
4-8.   14. Si consideri *RVF* CCVI 52-54, «I' beato direi, | tre volte e quat-
tro et sei, | chi, devendo languir, si morí pria». Per *languir sempre* il Te-
sta, p. 38 rimanda al cit. *De duodecim conditionibus amantis* di Pico stesso, e per l'esattezza all'undicesimo punto: «Semper languere, semper ar-
dere eius desiderio» (in *Opera omnia* cit., p. 334). Il v. è connotato inoltre
da allitterazione e rima interna: *m*eglio ... *m*orir ... langu*ir*.

XX.

Se non spenge el mio fuoco el fiume eterno
ch'Amor versa da gli ochi, e il piancto molto
se 'l desir cresce, e lo sperar m'è tolto,
4   e tuttavia m'afflige el caldo interno;

se 'l Cel, se la Fortuna, se l'Averno
me son rebelli, e se nel cor mio stolto

Sonetto sullo stesso schema di XIV. Assonanza in CE. Rima ricca 1
eterno : 4 *interno* e 5 *Averno* : 8 *verno* (anche inclusiva).

1-2. *Se ... ochi*: è il caso piú flagrante di ripresa (pur con diverso segno) da
Giusto de' Conti, *La bella mano* LXXXII 1-2, «Se spegne il foco, che mia vi-
ta aviva, | El fonte, che per gli ochi mei distilla».   1. *Se*: per l'*incipit* ipo-
tetico cfr. XIV 1. L'anafora della congiunzione impronta l'avvio di ogni
singola partizione del sonetto (quartine e terzine), con riprese ai vv. 3, 5 e
6 (nei due ultimi casi interne) e sistematici richiami allitteranti e omofoni-
ci: v. 1 *spenge*, v. 3 *desir ... sperar*, v. 6 *son ... stolto*, v. 9 *sdegno ... disprezare*, v. 12 *s'apreza ... sincera*. Un campione del genere è offerto da *RVF*
CCXXIV. – *spenge*: forma toscana. – *el ... f*uoco *el f*iume: altra anafora e allitterazione. – *fiume*: cfr. in precedenza III 1. – *eterno*: in rima con *interno*
(v. 4) già in *RVF* CCCXLV 12-14 (con inversione).   2. *piancto*: conservazione del nesso consonantico latino.   2-3. *e il piancto molto / se 'l desir cresce*: forte *enjambement* accentuato dall'anastrofe di *piancto* (sogg.) rispetto a *se* (il gusto per le inarcature investe quindi i vv. 5-6, 6-7, 9-10 e 10-
11).   3. *'l desir cresce*: cfr. *RVF* LVII 2, «e 'l desir monta et cresce». – *m'è
tolto*: clausola non rara nei *RVF*: XI 11, CXIX 42, CCC 2.   4. *el caldo interno*: è la «Chiusa fiamma» amorosa di cui in *RVF* CCVII 66, o «l'ardor, che
dentro mi sfavilla» di Giusto de' Conti, *La bella mano* LXXXII cit. 3 (ma si
consideri anche, del Pico, il precedente XIX 11).   1-4. La sintassi appare
condizionata da una ferrea *vis* chiastica: *spenge* (pred. verb.) *el ... fuoco*
(ogg.) *el fiume* (sogg.), *... il piancto* (sogg.) *... 'l desir* (ogg.) *cresce* (pred.
verb.); *lo sperar* (sogg.) *m'è tolto* (pred. verb.), *... m'afflige* (pred. verb.) *el
caldo* (sogg.).   5. Circa l'impiego di affine trinomio cfr. XI 5. La scansione ternaria è ribadita quindi al v. 9. – *Averno*: inferno, morte.   6-8. L'a-
mante si trova a essere in ogni momento accecato dal furore e insieme libero come un fiore nella bella stagione: l'evidente paradosso esemplifica
l'asserita stoltezza del cuore innamorato (v. 6) e si configura come una
delle molte varianti relative alla coesistenza degli opposti (cfr. I 5-14).

ognor vomi del furor cieco e sciolto
8 qual giglio o rosa in prato al tempo verno;

se un sdegno altero, un'ira, un disprezare
altrui senza cagion è per mercede
11 del mio servire, el lamentar non vale.

Se non s'apreza una sincera fede,
Anima, dimmi, che debiam noi fare?
14 – Temer di pegio, et or languir nel male. –

---

7. *sciolto*: ancora una spia della presenza di Giusto de' Conti, *La bella mano* LXXXII cit. 5, «Libero e sciolto alhor convien che viva».   8. *qual giglio o rosa*: meno tradizionale della classica coppia giglio-viola, l'accostamento è però tutt'altro che peregrino: basti pensare al Boiardo di *Amorum libri* I 36, 1, «Datime a piena mano e rose e zigli» e 48, 3 «veduto ho
zigli e rose», o al Poliziano di *Stanze* I 77, 5-6, «veste la campagna | di rose
gigli violette e fiori». – *al tempo verno*: a primavera (lat. *vernus* da *ver*).
Un'attestazione, come sostantivo, anche da parte del Petrarca nel *Trium-
phus Pudicitie* 164-65, «Baia, ch'al tepido verno | giunse», a proposito
della quale l'Ariani, p. 220 rimanda a Virgilio, *Culex* 410, «vernantia tempora». E nel Pico dei *Carmina* 5, 106, «Vernantem ... humum».   9-14.
Sul tormento per la mancata corrispondenza al sincero e fedele servizio
d'amore cfr. X 12-14.   9. *sdegno ... ira*: infelici frutti d'amore, già depre-
cati in *RVF* CCCLX 11-12, «ond'altro ch'ira et sdegno | non ebbi mai».
10. *mercede*: ricompensa (ma è termine tecnico dai Provenzali in giú). In
rima con *fede* (v. 12) spesso nel Petrarca (considerevole almeno *RVF* CI 5,
«veggio a molto languir poca mercede» : 4 fede).   11. *el lamentar non
vale*: sconsolata constatazione rispetto all'interrogativo di *RVF* CXXXII 6,
«il lamentar che vale?» (: 7 male) (e non si tralasci CLXI 11, «et calcitrar
non vale!» : 14 male). Da notare che l'apodosi è ben oltre il petrarchesco
limite delle quartine.   13-14. A colloquio con la propria anima è il Petrarca di *RVF* CL.   13. *che debiam noi fare?*: volge al plurale il celeberrimo
avvio di *RVF* CCLXVIII «Che debb'io far?».   14. La risposta suggella a
mo' di epigramma il sonetto (e vedi già XIV 13-14). Per *languir* cfr. XIX 14.

XXI.

Ïo temo che a lingua non consenta
el cor, che forse piú ca neve agiaccia;
io temo non intrar in cotal traccia
4   che poi d'eservi entrato io me ne penta.

E se adesso ardi, da qui a puoco spenta
fia forse la tua fiamma, e chi te alaccia
che sa che di te soglier non gli piaccia,
8   e Amor reponga el stral che or aventa.

Sonetto sullo stesso schema di v. Rima inclusiva e ricca 4 *penta* : 5
spenta, nonché 9 *muti* : 11 *muti* : 13 *tramuti*, per la verità con un gioco piú
complesso, dal momento che 9 e 11 danno luogo a rima equivoca, mentre
9 e 13 a derivata; inclusiva 10 *anzi* : 12 *bilanzi* : 14 *dianzi* (ma 10 e 14 anche
derivata).

1. *Ïo temo*: cosí inizia *RVF* XXXIX. Il timore è qui ribadito dall'anafora in
apertura del v. 3.   1-2. *a lingua ... el cor*: alle parole non sia conforme il
sentimento. *Lingua* e *cor* sono usuali metonimie petrarchesche (si vedano
appaiate in *RVF* CCCLXVI 128, «la lingua e 'l cor»). – Il netto *enjambement*
(*consenta / el cor*), come spesso accade, non rimane isolato: vv. 3-4, 5-6,
6-7 e 10-11. – Da notare inoltre l'andamento allitterante e anaforico: *che ...
con*senta ... *cor*, *che ... ca*.   2. La sensazione è paragonabile a quella
espressa in *RVF* CCLXIV 127-28, «ed ò 'l cor via piú freddo | de la paura
che gelata neve». – *ca*: che, forma regionale della cong. comparativa (lat.
quam) (vedi P. Bongrani, *Lingua e letteratura a Milano nell'età sforzesca*,
Parma 1986, pp. 24, 195 e nota 72). – *agiaccia*: tre delle parole rima di B
hanno riscontro in *RVF* CLXXVIII: 2 agghiaccia : 6 traccia : 7 spiaccia (con
lieve variazione).   3-4. Si accentua l'intreccio dei suoni e delle riprese (*io
temo ... intrar in co*tal *traccia ... eservi entrato io ... pen*ta), esteso peraltro
all'intera testura del sonetto (v. 5 *a*desso *ar*di ... *a*, v. 6 *fi*a *forse ... fi*amma,
v. 7 *sa ... so*glier, v. 11 *se*ra *si*an, v. 13 *so como ... co*sa *se*).   3. *traccia*: cam-
mino.   5. *ardi*: la 2ª pers. sing., che compare nella parte centrale del
componimento fino al v. 11, è pensabile come riferita al *cor* (v. 2) con il
quale colloquia il poeta timoroso (vv. 1-4) e cosciente (v. 13). – *puoco*: dit-
tongazione ipercorretta di area settentrionale.   6. *chi te alaccia*: la donna
di cui il poeta è innamorato.   7. *che sa*: chi sa. – *soglier*: assibilazione
normale al Nord. – *non gli piaccia*: si rilevi l'anacoluto relativo a *chi te
alaccia* del v. precedente.   8. Cfr. III 9-10.

Chi sa che l'oro in piombo non se muti,
ch'i gagliardi tuoi preghi fervidi, anzi
11 sera sian piú che pietra inerti e muti.

Però bisogna oprar miglior bilanzi,
ch'io so como ogni cosa se tramuti
14 e un fior disecca, che fiorí pur dianzi.

9. *Chi sa che*: anafora rispetto al v. 7 (e ritorni quindi anche all'inizio dei vv. 10 *ch'i* e 13 *ch'io so*). – *oro ... piombo*: data la presenza di *stral* al v. 8, alluderà all'opposto potere della freccia d'oro («facit ... amorem») e di piombo («fugat») di Cupido, secondo Ovidio (*Metam.* I 468-71), ben noto, ovviamente, al Petrarca: *RVF* CLXXIV 14, «orato ... strale» e CCXCVI 7-8, «aurato ... strale». 10. *anzi*: in rima con *dianzi* (v. 14) anche in *RVF* CXVIII 3-7. 11. *inerti e muti*: dittologia rilevata dall'omoteleuto. 12. *oprar miglior bilanzi*: adoperare migliori bilance, cioè soppesare meglio le cose. Il termine 'bilance' (qui con assibilazione settentrionale e pl. toscano in *-i*) è già in Dante (ad es. *Inf.* XXIII 102) e, al sing., una sola volta in Petrarca (*RVF* CXCVIII 8), nonché in Giusto de' Conti (*La bella mano* LIV 11). 13. *so como*: formula tipica a dichiarare lucida consapevolezza (cfr. XIX 6, 10 e 12). 14. La figura etimologica (*fior ... fiorí*) è adibita a connotare l'ineluttabile e rapida azione del tempo, secondo uno stereotipo che, puntando sulle caratteristiche della rosa, procede dai classici (Ovidio, *Ars amandi* II 117; Properzio, *Carmina* IV, 5, 61-62), attraverso testi tardo latini (l'anonima elegia *De rosis nascentibus*), sino all'età laurenziana (Poliziano, *Stanze* I 78 e *Rime* CII; Lorenzo, *Corinto* 169 sgg.) (d'obbligo il rinvio al commento di D. Delcorno Branca alle *Rime* polizianesche, pp. 191-96, cosí come a G. Pozzi, *La rosa in mano al professore*, Friburgo 1974).

XXII.

Qual uomo a cui el papavero con l'oppio
furato ha i sensi, per lo freddo troppo
tal io rimasi a lo amoroso intoppo,
4 agiacciando nel fuoco ond'io ne scoppio.

E quando ch'io vi vedo el mal radoppio,
e se io tento fugirmi di galoppo,

Sonetto sullo stesso schema di v. Rare le rime e tutte, fuor che D, con
ascendenza nella *Commedia* dantesca (vedi P. Trovato, *Dante in Petrarca*,
Firenze 1979, pp. 106 e 115). Rima imperfetta in AB, con forte rilievo della
consonanza geminata (-*pp*-), che è tratto comico e non lirico. La -*p*- è ripetuta in D. Rima inclusiva 1 *oppio* : 4 *scoppio* : 5 *radoppio* : 8 *acoppio* (4 e 8 anche ricca); derivata 12 *crespi* : 14 *increspi*.

1. *cui el papavero con l'oppio*: denso grumo di suoni affini (analoga pro-
pensione andrà considerata almeno ai vv. 2 *furato ... sensi, per ... freddo
troppo*, 5 *vi vedo*, 7 *primo passo ... zoppo*, 8 *co' ... ochi acoppio*, 10 *noi advien ... novo*, 11 *là dove el suelvarmi*, 12 *capei crespi*, 13 *legato ... terrami ...
tresca*, 14 *vechieza ... volto*). 1-2. *el papavero con l'oppio / furato ha i sensi*: inarcatura (complicata da iperbato e anastrofe), subito ribadita ai vv.
2-3. Per la forza soporifera del succo di papavero si veda Plinio, *Naturalis
historia* XX 199, mentre un minimo riscontro verbale offre la definizione
della giovinezza data dal Pico in *Carmina* 5, 31, «Prima papavereis reple-
ta humoribus aetas». 2. *per lo freddo troppo*: dal punto di vista fonico,
notevole l'affollamento di consonanti. – *troppo*: questa, come tutte le parole rima di B, trova riscontro in *RVF* LXXXVIII: 1 troppo : 4 galoppo : 5
zoppo : 8 intoppo, con l'avvertenza però che esiste una loro circolazione
anche nell'àmbito della poesia comica (ad es. nel *Morgante* del Pulci VIII
85 e XVIII 146: 1 troppo : 3 intoppo : 5 zoppo). 3. *io*: il pronome è ampiamente ribadito nel prosieguo: vv. 4, 5 e 6. – *a lo amoroso intoppo*: identico
emistichio nell'appena cit. *RVF* LXXXVIII 8. *intoppo* varrà incontro, o
scontro, volendo accentuare la situazione che, ulteriormente chiarita dalla seconda quartina, è simile a quella già esperita in XIV. 4. *agiacciando
nel fuoco*: tòpico paradosso, avanzato anche in precedenza (cfr. V I e VIII
11) e di scontata matrice petrarchesca (ad es. *RVF* CCXCVIII 3, «'l foco ove
agghiacciando io arsi»). – *scoppio*: tre delle parole rima di A si ritrovano
in *RVF* XL: 4 accoppio : 5 doppio (lieve variazione) : 8 scoppio. 5. *E*: la
cong. copulativa anche in apertura dei vv. 6 e 8. – *el mal radoppio*: cfr.
RVF CCXVI 3, «et raddopiarsi i mali». 6. Vedi *RVF* LXXXVIII cit. 4,
«per fuggir dietro piú che di galoppo».

manco nel primo passo qual bue zoppo,
8   e a forza e mei co' bei vostri ochi acoppio.

Quinci l'antica piaga se rinfresca,
ch'a noi advien che pur di novo incespi
11 là dove el sulevarmi piú m'incresca.

Cosí a lacio dei biondi capei crespi
legato Amor terrami in la sua tresca,
14 fin che vechieza el nostro volto increspi.

---

7. *manco ... qual*: si consideri per il modulo e la tipologia (animale) del paragone XIV 4. – *bue zoppo*: è due volte in Petrarca: *RVF* CCXII 8 e CCXXXIX
36, con ascendenza, secondo che notano i commentatori, in Arnaut Da-
niel.   8. *mei ... bei*: rima interna. – *bei vostri ochi*: sintagma diffuso nei
RVF: III 4, XI 14, ecc.   9. Cfr. *RVF* C II, «mi rinfresca in quel dí l'antiche
piaghe». La situazione è analoga a quella espressa dal Pico in III 9-10 e
XVIII 1-2.   10. *noi*: me, *pl. modestiae*. – *advien*: latinismo fonetico (come
poi *sulevarmi* del v. II). – *novo*: la forma senza dittongo risale, oltre che al
latino, all'uso del Petrarca. – *incespi*: inciampi. Pur con qualche modi-
fica, le parole rima relative a D sono riconoscibili in *RVF* CCXXVII: 1 cre-
spe: 4 rincrespe : 8 'ncespe.   10-11. *incespi / là dove ... m'incresca*: l'*enjambement* sottolinea l'evenienza piú dolorosa per la víttima.   12-14.
Cfr. II 1-4.   12. Vedi *RVF* CCLXX 56-57, «e i tuoi lacci nascondi | fra i ca-
pei crespi et biondi».   13. *in la*: forma settentrionale (ma anche toscana), in seguito riprovata dal Bembo nelle *Prose* (III lviii, pp. 253-54). – *tresca*: danza, *hapax* dantesco (*Inf.* XIV 40).   14. Cfr. *Carmina* 9, 34, «Mox
rugae venient vultibus invidae».

XXIII.

Se Amor è alato come el è depincto,
perché in me fermo, lento, sede e giace?
Se gli è piciol fanciul, perché gli piace,
4 vincitor, stringer l'uom poi che l'ha vincto?

Sonetto a schema ABBA ABBA, CDEEDC, con due sole attestazioni. Usato da Dante e prediletto da Cavalcanti, è un *unicum* in Petrarca (*RVF* XCIII). Assonanza in CE. Rima composta ed equivoca 4 *ha vincto* : 5 *avincto*; in apparenza derivata, ma, stante l'*aequivocatio*, semplicemente inclusiva e ricca 6 *face* : 7 *disface*.

1. *Se*: per l'*incipit* ipotetico cfr. XIV 1. La protasi si ripete quindi con insistenza ai vv. 3, 5 (in apertura di quartina), 9 (in apertura di terzina), 10 (e cfr. XX). Curioso appare il fatto che nel parodico sonetto attribuito al Burchiello, *Molti poeti han già descritto Amore*, sia riscontrabile un analogo movimento ai vv. 9-11, «Sed egli è cieco, come fa gl'inganni? | Sed egli è nudo, chi gli scalda il casso? | S'ei porta l'arco, tiralo un fanciullo?» (la citazione è tratta dal cappello premesso da G. Gorni a L. B. Alberti, *Rime* V, p. 16). – *alato*: insieme a *piciol fanciul* (v. 3) e *nudo* (v. 10), è tratto costante della simbolica iconografia di Cupido che dai classici, attraverso il Medioevo, giunge sino agli umanisti (vedi E. Panofsky, *Studi di iconologia*, Torino 1975, pp. 135-83); fra i quali ultimi andrà almeno ricordato l'Alberti di *Rime* V cit. 1-3, «Qual primo antico sia ch'Amor dipinse | nudo, fanciullo, con l'ale ventose, | non ebbe mani ben maravigliose?» Per il resto ovvio il rimando a *RVF* CLI 10-11, «nudo, se non quanto vergogna il vela; | garzon con l'ali: non pinto, ma vivo» e a *Triumphus Cupidinis* I 23-27, «sovr'un carro di foco un garzon crudo...; nulla temea, però non maglia o scudo, | ma su gli omeri avea sol due grand'ali | di color mille, tutto l'altro ignudo», nonché III 175, «so come Amor saetta, e come vola». – *el*: egli. – *depincto*: le parole rima di A sono, in serie di tre, petrarchesche: *RVF* XCVI 1 vinto : 4 avinto : 5 depinto. 2. *perché*: a rilevare l'inspiegabile e paradossale situazione dell'autore, l'interrogativo dell'apodosi (qui e al v. 11 in sede privilegiata) scandisce, in parallelo con la segnalata anafora della protasi, la cadenza sintattica del componimento fino al v. 11, con qualche variante di posizione (vv. 3 e 10) e di forma (v. 6 *come* e v. 9 *che*). – *fermo, lento, sede e giace*: possibilità di *rapportatio*: *fermo, sede*; *lento, giace*. Nel prosieguo altre dittologie sinonimiche: *scalzo e nudo* (v. 10), *singular e raro* (v. 12) e *primo e sol* (v. 14). – *giace*: in rima baciata con *piace* (v. 3) anche in *RVF* XCIX 6-7. 3. *gli ... gli*: anafora, con l'avvertenza che il primo dei due pronomi è pleonastico. 3-4. *gli piace /... stringer*: *enjambement* (e quindi ai vv. 7-8 e 12-13). 4. *vincitor ... vincto*:

Se agli ochi porta un bianco velo avincto,
come sí certe manda le sue face,
per cui l'aflicto cor, che se disface,
8 consumar vegio a morte e quasi extincto?

Se volar può, che fa del suo cavallo?
Se gli è signor, perché va scalzo e nudo?
11 Perché par dolce et è nel fin sí amaro?

la figura etimologica divarica strategicamente i termini all'inizio e alla fine del v.   5. La benda è simbolo estraneo al ritratto classico e solo piú
tardi elaborato nell'àmbito della mitografia medioevale (cfr. Panofsky
cit. pp. 152 sgg.). Risulta comunque recepito dal Petrarca nel *Triumphus
Cupidinis* III cit., 179, «e gli occhi avolti in fasce» (al contrario in *RVF*
CLI cit. 9 si legge: «Cieco non già, ma pharetrato il veggo») e dal Boccaccio nelle *Genealogie* IX, IV, p. 454, «Oculos vero illi fascia tegunt».
Come già ebbe a notare il Panofsky (p. 169), incongruo appare invece il
riconoscimento quale autorità in materia da parte del testo boccaccesco
(p. 451) dei *Documenti d'Amore* di Francesco da Barberino (composti
intorno al 1310), in quanto nel *Tractatus* che li suggella e nel quale si ra-
giona della forma dall'autore data ad Amore è dichiarato: «Io nol fo cie-
cho, che dà ben nel segno» (III, p. 410). Infine nel sonetto del Burchiel-
lo, sopra ricordato al v. 1, Amore porta «una pezza bianca di bucato | av-
volta agli occhi» (vv. 3-4), mentre Alberti, *Rime* V cit. 4 suona: «E dolce
agli oc[c]hi poi quel velo accinse».   6-8. Circa le fiamme (*face*) si consideri nell'insieme Boccaccio, *Genealogie* loc. cit., p. 454, «Facem autem
... illi superaddunt, ut ostendatur quia hec passio non numquam tanto
fervore incendat patientium animos, ut illos non solum ad suspiria co-
gat, sed etiam in anxietatem exustioni similem impellat».   7-8. *aflicto
cor* è *iunctura* anche petrarchesca (*RVF* CXX 13, «'l cor vostro afflitto»),
ma il distico sembra piuttosto orientato verso certe dolenti note caval-
cantiane: ad es. *Rime* XIII 9, «Questa vertú d'amor che m'ha disfatto» e
14, «veggendo morto 'l cor nel lato manco».   9. *cavallo*: è particolare
tipico dei *Documenti d'Amore* di Francesco da Barberino, ove Cupido è
rappresentato «Deritto stante in mobile sostegno» e quindi, con esplicita denominazione dell'animale, «su nun cavallo» (loc. cit.).   11. Pur in
termini non immediatamente identificabili, è paradosso di stretta osser-
vanza petrarchesca: *RVF* LVII 12, CCCXLIV 1-3, ecc. – *amaro*: in rima con
raro (v. 12) in *RVF* CCXCVI 3-7. Per il termine riferito ad Amore, cfr. in
precedenza V 9.

Dimel, ti prego, o singular e raro
Francesco, onor de l'acidalio ludo
14 e primo e sol ne l'apollineo ballo.

12. L'invito a dire, che chiude una serie di ipotesi, è simile a quello di xx 13. 13. *Francesco*: grazie agli iperbolici epiteti disseminati nell'ultima terzina, l'ideale interlocutore sarà da identificare con il Petrarca, piuttosto che non con il piú modesto Francesco da Barberino o con un ignoto amico poeta contemporaneo. – *acidalio ludo*: fa riferimento alla fonte Acidalia in Beozia, ove, secondo il mito, prendevano il bagno Venere e le Grazie. L'aggettivo anche in *Carmina* 13, 2, «Acidaliae dulcia furta deae». 14. *apollineo ballo*: allude al coro dei poeti e delle Muse, secondo l'espressione di Virgilio, *Ecl.* vi 66, «Phoebi chorus».

XXIV.

Non sono in Aeti cervi o lepor tante,
né credo in Ibla ancor tant'ape siéno,
né tante erbe ebbe mai nel vago seno
4 Cerere, o fior sopra le chiome errante;

né tante selve son sul monte Atlante,
né mai de tante fronde arbor fu pieno,

Sonetto sullo stesso schema di XIV. Consonanza in BE. Rima ricca 2
siéno : 6 *pieno*; povera 9 *guai* : 13 *mai*.

1-8. Benché declinata in forma negativa e con numerose modifiche nelle
componenti, la correlazione ricalca Ovidio, *Ars amandi* II 517-19, «Quot
lepores in Atho, quot apes pascuntur in Hybla, | caerula quot bacas Palla-
dis arbor habet, | litore quot conchae, tot sunt in amore dolores». Dal
punto di vista sintattico, sapiente il gioco nel disporre fra chiasmo e simmetria i vari elementi anaforici: le diverse forme del verbo *essere* (vv. 1, 2,
5, 6), *tante* (vv. 1, 2, 3, 5, 6), *né* (vv. 2, 3, 5, 6) sempre a inizio di verso (un
esempio in *RVF* CCCXII 1-9), *mai* (vv. 3, 6); fino al caso del v. 7, ove, data la
presenza in piú dell'agg. *sereno*, si trovano a convivere le ragioni della
concinnitas e quelle della *variatio*.   1. *Aeti*: l'inusitata grafia dovrebbe
stare per 'Oeti' (l'Eta, catena di monti della Tessaglia), ma l'appena cit.
fonte ovidiana relativa al monte Athos induce a sospettare che possa trat-
tarsi di un fraintendimento del copista. – *lepor*: lepri, latinismo.   2. *Ibla*:
monte della Sicilia, ricco di fiori e quindi di api. – *siéno*: siano.   3-4. Il
distico attua un astuto riciclaggio di materiali attinti alla situazione e al
lessico della IV stanza di *RVF* CXXVI, e quindi opportunamente redistri-
buiti. Sicché in filigrana a *vago seno* (v. 3) e *fior sopra le chiome errante* (v.
4) è possibile intuire i vv. 42, «una pioggia di fior' sovra 'l suo grembo» e
51, «qual con un vago errore» del modello.   3. *erbe ebbe*: allitterazione e
omoteleuto. Studiato, come di consueto, il profilo fonico del testo: v. 4
Cerere ... fior sopra ... errante, v. 5 *selve son sul*, v. 6 *fronde arbor fu*, v. 7 *di
... el ... di stel' el ciel sereno*, v. 8 *cure ... cor*, v. 10 *misere ... versan sempre*,
v. 11 *chi 'l ... no 'l*, v. 13 *venen, non se n' ... om m*ai, v. 14 *col capo cano*. – *seno*: in rima con *sereno* (v. 7) non è raro in Petrarca: ad es. *RVF* CXXVI cit.
9-10.   3-4. *ebbe mai ... / Cerere*: enjambement (un altro ai vv. 12-13).   4.
Cerere: dea delle messi. – *le chiome errante*: sono, naturalmente, «Le
chiome a l'aura sparse» di *RVF* CXLIII 9.   5. Il Boccaccio nel *De montibus*, c. A₄ᵣ, definisce il massiccio della Mauritania «nemorosus atque
opacus».

di pesce el mar, di stel' el ciel sereno,
8 quante cure nel cor d'un cieco amante.

Quanti son li martiri, affanni e guai
che le misere piaghe versan sempre,
11 ben sa chi 'l prova et io no 'l dico invano.

Ma pur che Amor cun puoco dolce tempre
l'aspro venen, non se n'acorge om mai
14 fin che vechio non è col capo cano.

---

7. *stel' ... ciel sereno*: anche qui tessere lessicali dal Petrarca: *RVF* CCCXII
I, «Né per sereno ciel ir vaghe stelle».   8-9. *quante ... Quanti*: evidente il
connettore centrale fra quartine e terzine.   9. Prolessi dell'interr. indi-
retta rispetto al v. II. – *guai*: in rima con *mai* (v. 13) piú volte anche in
RVF: ad es. XXXVII 95-96, XCVII 4-5, ecc.   10. Cfr. *RVF* CCXLI 9-10,
«L'una piaga arde, et versa foco et fiamma; | lagrime l'altra che 'l dolor
distilla». La clausola *versan sempre* è offerta da LV 12 (: 15 tempre, però
sostantivo).   II. *ben sa chi 'l prova*: l'affermazione è tratta pari pari dal-
l'emistichio iniziale di *Triumphus Cupidinis* I 80.   12. *puoco*: cfr. XXI 5. –
tempre: temperi.   12-13. *cun puoco dolce tempre / l'aspro venen*: può aver
contato *Triumphus Cupidinis* III 186-87, «che poco dolce molto amaro
appaga, | di che s'ha il mèl temperato con l'assenzio».   14. Conclusione
analoga a quella di XXII 14. – *cano*: bianco, latinismo (ad es. Catullo, *Carmina* 68, 124, «suscitat cano voltorium capiti»).

XXV.

Qual stral, qual rapto vento non precorre
el veloce girar del ciel, che sgombra
quanto qua giú el cel riscalda e adombra,
4   om, dimi, che qui vòi tua speme porre?

Non sai che non se può dal mondo tôrre
l'esser fallace, che i cor ciechi ingombra?

Sonetto sullo stesso schema di IV. Assonanza in BC. Rima derivata 1
precorre : 8 *corre*, 2 *sgombra* : 6 *ingombra* e 3 *adombra* : 7 *umbra* (imperfetta per via del comune latinismo fonetico di 7); inclusiva (e sempre imperfetta) 2 *sgombra* : 6 *ingombra* : 7 *umbra*; povera 10 *rio* : 14 *uscío*.

1-4. L'interrogativa retorica, caratterizzata da ampia prolessi (vv. 1-3), è
sintonizzata sulle sconsolate conclusioni di XIII. Per l'immagine d'aper-
tura (vv. 1-2) cfr. *RVF* CCCLV 1-3, «O tempo, o ciel volubil, che fuggendo |
inganni i ciechi et miseri mortali, | o dí veloci piú che vento et strali».   1.
Qual ... qual: anafora. – *rapto*: veloce, con la conservazione del nesso
cons. latino. – *precorre*: tre delle parole rima di A sono desunte da *RVF*
XCVIII: 1 *porre* : 5 *tôrre* : 8 *precorre*.   1-2. *non precorre / el veloce girar*:
inarcatura fra verbo e sogg. La figura, talvolta complicata da iperbato,
impronta sistematicamente l'andamento ritmico-sintattico del componimento: vv. 2-3, 5-6, 9-10, 10-11, 12-13 e 13-14.   2. *girar del ciel*: indica lo
scorrere del tempo. – *sgombra*: anche i termini in rima di B risalgono a un
modello petrarchesco: *RVF* CCCXXVII 1 ombra : 4 sgombra : 5 adombra :
8 ingombra.   3. *quanto qua*: allitterazione. Il fenomeno trova in Pico,
come si è notato spesso, un attento cultore: vedi nel prosieguo v. 5 *sai ...
se*, v. 6 *che i cor* (con sinalefe), v. 8 *Ch'ogni cosa ... corre*, v. 9 *poi ... per tal
lege ... lei per* (con in piú la duplicazione di *per*), v. 10 *conviente, come*, v. 11
come cosa, vv. 12-13 *sol ... scorza / seco*. – *cel*: in senso astronomico (e si
noti, seppur in regime di oscillazione grafica, l'anafora rispetto al v. precedente). – *riscalda e adombra*: la coppia antitetica è adibita a connotare
l'alternarsi del dí e della notte.   5. *Non sai che*: per via della ripresa anaforica in apertura del v. 7 i distici della quartina si presentano simmetrici
(e non si trascuri l'eco di *non se*). 'Sapere', in materia d'amore e di caducità, è verbo ben pichiano: cfr. XIX 6, 10 e 12, XXI 13-14 e XXIV 11.   6. *l'esser
fallace*: Amore. – *i cor ciechi*: i «pectora caeca» dell'*Epistula Ioanni Francisco nepoti*, cit. a proposito di XIII 14.

Non sai che passarem qual fumo et umbra?
8 ch'ogni cosa terrestre a morte corre?

Ma poi che per tal lege a lei per forza
andar conviente, come va ogni rio
11 al mare o come cosa grave al centro,

oprar tu dèi che sol di te la scorza
seco ne porti, ma quel che v'è dentro
14 ritorni ad abitar là dove uscío.

---

7. *passarem*: *-ar-* è tipico tratto padano. – *fumo et umbra*: l'accoppiata una
volta sola, e per di piú al pl., nei *RVF* (CLVI 4, «ché quant'io miro par so-
gni, ombre et fumi»), ma piú pertinente, per ragioni contestuali, il rimando all'*Africa* II 348-50, «Tempora diffugiunt; ad mortem curritis; umbra,
| Umbra estis pulvisque levis vel in ethere fumus | Exiguus, quem ventus
agat», nonché ai *Rerum memorandarum libri* III 80, 2, «Limus et umbra
tenuis sumus et fumus euro volvente rarissimus». 8. Cfr. *RVF* XCI 12-
13, «Ben vedi omai sí come a morte corre | ogni cosa creata». Notevole il
grumo di omofonie esibito da *terrestre* a *morte corre*. 9. *forza*: in rima
con *scorza* (v. 12) è piú volte in *RVF* (XXIII 19-20, CLXXX 1-4, CCLXXVIII 2-3,
ecc.), giusta il Dante petroso di *Rime* 46 (CIII) 25-26 (vedi P. Trovato,
Dante cit., p. 148). 10. *andar ... va*: *annominatio*. 10-11. *come va ogni
rio / al mare*: vedi *RVF* XXXVIII 2, «mare, ov'ogni rivo si disgombra»
(: 3 ombra : 6 ingombra : 7 adombra). *come* è ripreso poi anaforicamente
al v. successivo. 11. *al mare o*: paronomasia e rima, grazie alla sinalefe,
con il sovrapposto *andar* all'inizio del v. 10. – *come cosa grave al centro*:
cosí Leonardo: «Ogni grave che libero discende, al centro del mondo si
dirizza» (in *Scritti scelti*, p. 269). Il sintagma *cosa grave* è già in Dante, *Par.*
III 122-23, «vanio | come per acqua cupa cosa grave». 12. *la scorza*: il
corpo. 13. *seco ne porti*: il sogg. è la morte, nominata al v. 8. – *quel che
v'è dentro*: lo spirito, l'anima (e cfr. X 13). 12-13. Concorrono *RVF* XXIII
cit. 20, «ché tèn [un penser] di me quel d'entro, et io la scorza» e CLXXX
cit. 1-4, «Po, ben puo' tu portartene la scorza | di me con tue possenti et
rapide onde, | ma lo spirto ch'iv'entro si nasconde | non cura né di tua né
d'altrui forza». 13-14. La ragione del ritorno sarà quella espressa dal Pico nell'*Heptaplus*, p. 326: «Felicitatem ego sic definio: reditum unius-
cuiusque rei ad suum principium». 14. Cfr. *RVF* CCXCV 11, «che tosto è
ritornata [la felice alma] ond'ella uscío», cioè in cielo.

XXVI.

Se 'l basso dir di mei suspir in rima,
i quali Amor ne la età mia aprile,
per segregarme dal vulgo piú vile,
4 tra' da parte del cor secreta et ima;

e se la nostra inculta e roza lima,
se 'l mio cantar e 'l mio debile stile

Sonetto sullo stesso schema di v. Rima inclusiva 1 *rima* : 4 *ima* : 5 *lima* : 8 *stima*; povera 9 *fio* : 11 *Clio* : 13 *rio*; equivoca 10 *insegna* : 14 *insegna*.

1. *Se*: per l'*incipit* ipotetico cfr. XIV 1. Da notare l'anafora della particella ai vv. 5 e 6. Il fatto poi che l'apodosi si trovi al v. 9 comporta da parte del periodo lo scavalcamento (invero poco petrarchesco) del limite delle quartine (analogo fenomeno è già stato registrato ad es. per XX al v. 11). – *basso dir*: all'incrocio fra *RVF* CCCXXXII 24, «basse rime» e CCXLVII 6, «dir troppo humile». – *di mei suspir in rima*: cfr. *RVF* CCXCIII 2, «de' sospir' miei in rima» (: 7 lima). È però a XX che bisogna rifarsi per individuare tre delle parole rima di A: 2 rima : 6 lima : 7 extima (con lieve variazione). 2. *ne la età mia aprile*: qualche suggestione avrà fornito *RVF* CCCXXV 13, «ch'era de l'anno et di mi' etate aprile», salva restando la particolarità dell'impiego latineggiante di *aprile* (giovanile) in funzione attributiva. 3. Il rilievo della capacità educativa di Amore attraverso la poesia è tratto tipico della cultura umanistica. *vulgo ... vile*: allitterazione. La concorrenza dei termini in zone attigue non è sconosciuta al Petrarca (*RVF* CXIV 9-10, «Né del vulgo mi cal, né di Fortuna, | né di me molto, | né di cosa vile»), mentre similare concetto è espresso in LXXII 9, «questa sola [la vista di Laura] dal vulgo m'allontana». Ma si consideri ad es. anche Boiardo, *Amorum libri* I 27, 59, «Per te sum, rosa mia, del vulgo uscito». – *vile*: tre delle parole rima di B sono offerte da *RVF* LXXVIII: 2 stile : 6 vile : 7 humile. 4. *tra'*: trae, apocope. L'azione è contemplata in Petrarca: *RVF* LXXI 93, «tal che mi trà del cor ogni altra gioia» e CCCXXXII cit. 40, «che trae del cor sí lacrimose rime». – Che la *parte* sia *ima* (quella piú profonda) è *iunctura* invece piuttosto dantesca: *Par.* XXIX 34, «pura potenza tenne la parte ima». – *secreta et ima*: dittologia sinonimica di gusto petrarchesco (come nel prosieguo v. 5 *inculta e roza* e v. 7 *inornato e umile*). 5. *nostra*: mia, *pl. modestiae*. – *lima*: capacità poetica. Nella medesima accezione e in rima con *stima* (qui al v. 8) già in IV 13. 6. *'l mio cantar*: uguale sintagma in *RVF* CCCXXXII cit. 34. – *'l mio debile stile*: ibid. 48 (e prima LXXI cit. 8). – L'andamento dicotomico del v. è sottolineato dall'anafora (*'l mio ... 'l mio*), secondo un accorgimento applicato pure al v. 13

puó meritar, ben che inornato e umile,
8 nome fra quei di che fa el mondo stima,

non vo' mi guidi di Latona il fio
a' fonti aganippei, o di sua insegna
11 Callïopè m'adorni, Euterpe o Clio.

Ché nulla Musa e d'ogn'altra piú degna
in piú fresche aque e in piú onorato rio
14 mi bagna, e su nel ciel salir m'insegna.

(*in piú ... in piú*), ove peraltro la simmetria risulta perfetta anche sul piano strutturale: anafora + agg. + sost.   6-7. *stile / può meritar*: *enjambement*; non l'unico, giacché la propensione pichiana per una sofisticata *dispositio* dà luogo in seguito ad altre inarcature, rese piú complesse dalla compresenza di iperbati e inversioni: vv. 7-8, 9-10, 10-11 e 13-14.   8. *quei ... stima*: la perifrasi è impiegata questa volta in positivo rispetto a IV 11.   9. *vo'*: voglio, apocope sillabica. – *di Latona il fio*: Apollo, in quanto dio della poesia. Notevole il dialettale *fio* per 'figlio'.   10. *fonti aganippei*: si riferisce ad Aganippe, la fonte in Elicona sacra alle Muse e ispiratrice dei poeti.   11. *Callïopè ... Euterpe ... Clio*: le Muse rispettivamente dell'epica, della musica e della storia.   12. *Musa*: il poeta allude in questo caso alla donna amata.   13. *fresche aque*: l'epiteto è, per antonomasia, ravvisabile nell'*incipit* di *RVF* CXXVI, «Chiare, fresche et dolci acque», ma forse anche i due comparativi presenti nel v. hanno a che vedere con quella canzone: 24-25, «in piú riposato porto | né in piú tranquilla fossa». Nella forma *aque* convivono grafia latina e pronuncia settentrionale.   14. *e su nel ciel salir m'insegna*: cfr. *RVF* LXVIII 4, «et la via de salir al ciel mi mostra» e CCLXXXVI 9, «Ir dritto, alto, m'insegna» (cui si potrebbe magari aggiungere CCLXI 7-8, «et [s'impara] qual è dritta via | di gir al ciel»).

XXVII.

Se benigno pianeta ha in noi vigore,
io credo ben che tutto quel fu infuso
nel spirto che nel corpo tuo fu chiuso,
4 Madonna, in questo mondo inferïore;

e credo ancor che 'l nostro almo Factore
t'avria nel ciel tenuta per suo uso,
ma in terra ti mandò per far qua giuso
8 de sé fede, a me guerra, al mondo onore.

Sonetto sullo stesso schema di v. Consonanza in AD. Rima inclusiva
2 *infuso* : 3 *chiuso* : 6 *uso* : 7 *giuso* (3 e 7 anche ricca); ricca 11 *coperto* : 13
aperto.

1. *Se*: per l'*incipit* ipotetico cfr. XIV 1. – *benigno pianeta*: astro dal favore-
vole influsso. Cfr. *RVF* CCXV 1-5, «In nobil sangue vita humile et queta ...
raccolto à 'n questa donna il suo pianeta» e CCXL 11, «quanto mai piovve
da benigna stella». Il sintagma «benigno pianetto» compare inoltre in
Boiardo, *Amorum libri* I 24, 1. Di tale problematica il Pico ebbe a occu-
parsi negli ultimi anni della sua vita con le *Disputationes adversus astrolo-
giam divinatricem*. – *vigore*: è termine che ricorre con una certa frequenza: cfr. VII 7, XI 9, XII 3, XIV 1.   2. *io credo ben che*: l'affermazione ricalca
Inf. XIX 121. – *quel*: il *vigore* del v. 1.   2-3. *fu infuso / nel spirto*: en-
jambement (come in seguito ai vv. 7-8 e 10-11). Si noti inoltre l'omofonia
(*fu* in*fu*so), accentuata dall'anafora in clausola nel v. successivo (*fu* chiuso). In rima con *chiuso*, *infuso* si incontra già in *Par.* XIII 44-48.   3. *spirto*:
anima (e cfr. X 13).   4. *questo mondo inferiore*: la terra, «infima» secondo il ciceroniano *Somnium Scipionis* (XVII 17).   5. *e credo ancor che*: riprende *io credo ben che* del v. 2 ed è replicato da *E credo ancora ... che* dei
vv. 9-10. Non si tralasci di osservare poi che la 2ª quartina e le due terzine
si aprono tutte con la cong. cop. *e*. – *almo*: che infonde la vita, che nutre,
latinismo comune in Petrarca, meno in Dante.   6. *t'avria ... tenuta*: allitterazione (subito riproposta nel v. seguente: *t*erra *t*i). – *suo uso*: suo godi-
mento. Notevole l'anagramma.   7-8. Vedi XI 9-14. *far ... guerra*: cfr. *RVF*
LXXVII 8, «per far fede qua giú del suo bel viso» (per l'esattezza «qua giu-
so» in CCCXL 9) e CCLXVIII 34-36, «il suo bel viso, | che solea far del cielo |
et del ben di lassú fede fra noi», nonché, fra gli altri, CVII 2, «sí lunga
guerra i begli occhi mi fanno».   8. Sequenza ternaria perfettamente
simmetrica nella dislocazione dei complementi.

E credo ancora fermo, e ne son certo,
che 'l spirto non si doglia, anzi si gloria
11 dil tuo bel velo che lo tien coperto;

et io viva farò la lor memoria,
se 'l fonte dove aspiro mi fia aperto,
14 texendo del tuo nome eterna istoria.

9. *fermo*: fermamente, avv.   10-11. Vedi *RVF* LXXVII cit. 10-11, «qui tra noi, | ove le membra fanno a l'alma velo».   10. *'l spirto*: per l'art. cfr. VII 8. – *si doglia ... si gloria*: anafora e assonanza. – *anzi si gloria*: clausola affine a quella di *RVF* CXXXI 13, «anzi mi glorio». Circa la rima con *memoria* (v. 12) cfr. CCCXXVI 10-11.   11. *dil*: forma di koinè, rara in Pico rispetto al piú usuale *del*. – *bel velo*: corpo, sintagma petrarchesco (ad es. *RVF* CCCII 11). – *coperto*: in rima con l'antinomico *aperto* (v. 13) anche in *RVF* CLXIII 1-4 (coverto).   12-14. Per l'idea di una poesia amorosa capace di attingere, attraverso la lode, l'eternità, cfr. *RVF* CCCXXVII 12-14, «et se mie rime alcuna cosa ponno, | consecrata fra i nobili intellecti | fia del tuo nome qui memoria eterna».   12. *la lor*: allitterazione (e quindi nel v. successivo *fonte ... fia*).   13. *se*: riprende l'attacco del v. 1. – *fonte*: la donna amata, piuttosto che il fonte della poesia, giusta quanto dichiarato nel sonetto precedente ai vv. 9-14.   14. *texendo*: in rime naturalmente, come in *RVF* CCCXXXII 47, «quando i penseri electi tessea in rime».

XXVIII.

Amor ben mille volte e cun mille arte,
come uom sagio che amico se dimostra,
temptato ha pormi ne la schera vostra,
4   che empieti de triunfi soi le carte;

ma la ragion di Lui m'era in disparte,
che la strata dil cel vera mi mostra:
cosí l'uno pensier cun l'altro giostra
8   e 'l cor voria partir, né pur si parte.

Sonetto sullo stesso schema di XIV. Rima inclusiva 1 *arte* : 4 *carte* : 5 *disparte* : 8 *parte* (5 e 8 anche derivata). Notevole la presenza di gruppi consonantici dai suoni affini nelle prime tre rime (A B C).

1. *ben mille volte e cun mille*: cfr. *Triumphus Mortis* II 155, «ben mille volte, e piú di mille e mille»; la duplicazione di *mille* è del resto comune anche nei *RVF*: ad es. CLXIV 13, «mille volte il dí moro et mille nasco». – *arte*: artifici. Tre delle parole rima di A sono mutuate da *RVF* LXXIV: 10 parte : 12 carte : 14 arte.   3. *temptato*: mantenimento del nesso consonantico latino. – *la schera*: la schiera dei vinti d'Amore, per la quale, vista la presenza del termine *triunfi* al v. successivo, illuminante sarà il rinvio alla «folta schiera | del re non mai di lagrime digiuno» di *Triumphus Cupidinis* I 35-36. – *vostra*: sulla scorta di un procedimento ormai consolidato, non stupisce l'ascendenza petrarchesca di tre delle parole rima di B: *RVF* LXVIII 1 vostra : 4 mostra : 5 giostra.   4. Da considerare *RVF* LXXIV cit. 12-13, «et onde vien l'enchiostro, onde le carte | ch'i' vo empiendo di voi», ricordando che le *carte* erano già dal Pico state evocate in X 7. – *empieti*: la desinenza -*eti* per la 2ª pl. è radicato tipo di koinè. – *soi*: forma settentrionale del pron. possessivo.   5-6. Mediante restituzione del cosiddetto *ordo naturalis* si dovrà intendere: ma avevo da parte, in serbo, la ragione di Colui (Dio) che mi mostra la vera strada del cielo. – *di Lui ... / che*: ruvida inarcatura, che trova piú di un corrispettivo nelle terzine: vv. 9-10, 10-11, 12-13 e 13-14; ne risulta insidiata la linearità dell'andamento ritmico-sintattico, mentre anastrofi e iperbati completano l'opera.   6. L'immagine (cfr. in precedenza XXVI 14 e oltre XXIX 4) è qui debitrice di *RVF* LXVIII cit. 4, «et la via de salir al ciel mi mostra» e insieme di CXXVIII 112, «et la strada del ciel si trova aperta». *strata* è latinismo.   7. Persiste l'influenza ancora di *RVF* LXVIII cit. 5, «Ma con questo pensier un altro giostra».   8. L'incertezza è paralizzante, come in Giusto de' Conti, *La bella mano* XCIII 5-6, «Onde la mente mia dí e nocte piangne, | Né star sa qui, né quinci si diparte», o in Boiardo, *Amorum libri* II III, 9, «Egli [il

Onde ancor né gioir nostra alma o trista
far può Fortuna, e furno in grande errore
11 gli ochi, se lo contrario a lor pareva.

Gelosia forse, che 'l nostro Signore
seguir suol sempre, offerse cotal vista
14 al cor, che di Madonna alor temeva.

cuore] è constretto a gire, e gir non vole». – *voria partir*: per trasfondersi,
come comporta da sempre la fenomenologia amorosa, nell'amata. Alla
forma in -*ia* del condizionale «concorrono in pari misura dialetto e lingua poetica» (vedi. P. V. Mengaldo, *La lingua del Boiardo* cit., p. 132 e
nota 1). – *né pur si parte*: cfr. in precedenza VIII 5, al contrario di *RVF*
XVIII 8, «et pur si parte».   9-11. La situazione si presenta pertanto neu-
tra e non è dato ancora conoscere se Madonna si mostrerà ben disposta o
restia, rendendo felice o triste l'animo del poeta. Che gli occhi abbiano
maturato invece un'impressione negativa, è abbaglio provocato forse
dalla Gelosia, come viene chiarito nella 2ª terzina.   9. *Onde*: con valore
conclusivo in apertura di sirima è comune in Petrarca: *RVF* LXXXVIII 9,
LXXXIX 9, CXL 9, ecc. – Sia *gioir* che *trista* sono retti da *far può* del v. successivo, che ha come sogg. *Fortuna*. – *nostra*: mia, *pl. modestiae*.   10. *far
... Fortuna*: allitterazione (e cosí in seguito, assecondando il ritmo degli *enjambements*, ai vv. 12-13 Signore / seguir *s*uol *s*empre e 13-14
*c*otal ... / ... *c*o*r*, *c*he).   12. *Gelosia*: in coppia con Amore la si trova in
RVF CV 69, «Amor et Gelosia m'ànno il cor tolto», ma il connubio è anche laurenziano: *Selve* I 53, 8, «veggo in suo luogo Amore e Gelosia» e
54, 8, «e resta con Amor Gelosia sola». – *'l nostro Signore*: Amore.   13.
offerse ... vista: è sintagma già petrarchesco: *RVF* CCCL 13, «la poca vista a
me dal cielo offerta».   14. *temeva*: dubitava.

XXIX.

Tolto me ho pur davanti agli ochi el velo
per cui bon tempo non mirai ben dritto
e mi celò le carte ove è descritto
4 per qual strata ir se può presto nel celo.

E vedo ben che può mia fede in zelo
presto mutar quel ch'era già prescritto,
né mai perdon disopra fu desditto
8 a l'uom, pur che nel mal non cangi pelo.

Et io ne son exempio al popul tutto,

Sonetto sullo stesso schema di v. Consonanza in BC. Rima ricca 2
dritto : 3 *descritto* : 6 *prescritto* (3 e 6 anche derivata); identica (nonostante la discrepanza grafico-fonetica) 4 *celo* : 5 *zelo*.

1. *el velo*: dell'errore. Cfr. *RVF* XXVIII 61-63, «Dunque ora è 'l tempo da
ritrare il collo | dal giogo antico, et da squarciare il velo (: 64 cielo) | ch'è
stato avolto intorno agli occhi nostri» e CCCXXIX 12, «ma 'nnanzi agli occhi m'era post'un velo» (: 9 cielo). Le parole rima di A sono peraltro comuni nei *RVF*: CXXII 1-5-8, CCLXXVII 10-12-14, CCXIX 10-12-14, ecc.   2.
bon tempo: vale il «gran tempo» usatissimo dal Petrarca, a partire, significativamente, da *RVF* I 10. – *mirai*: ampia la frequenza del verbo nel *Canzoniere*. – *ben dritto*: in clausola già in *RVF* LXXVI 13. Per la rima con *prescritto* (v. 6) vedi CXXXIX 9-13 (prescripto).   3. *e*: poi ripreso all'inizio dei
vv. 5 (esordio di quartina) e 9 (*Et*) (esordio di terzina). – *celò le carte*:
espressione coniata mediante il recupero di tessere da *RVF* IV 5-6, «ve-
gnendo in terra a 'lluminar le carte | ch'avean molt'anni già celato il ve-
ro». Si noti poi il mutamento di sogg. rispetto ai vv. precedenti. Le *carte*
saranno quelle della *Scrittura*.   4. Cfr. in precedenza XXVI 14 e XXVIII
6.   5. *E vedo ben*: equivale a «Ma ben veggio» di *RVF* I cit. 9. – *in zelo*:
in cielo (assibilazione settentrionale), da riferirsi, con forte iperbato, a
prescritto del v. 6.   5-6. Elementi di riscontro in *RVF* CCCXXIX cit. 9,
«Ché già 'l contrario era ordinato in cielo». – *può ... / ... mutar*: enjambement complicato da iperbato (un'ulteriore inarcatura ai vv. 7-8).
7. *disopra*: in cielo. – *desditto*: negato.   8. *cangi pelo*: invecchi. Il sintagma è tipicamente petrarchesco: *RVF* CXXII cit. 5, CCLXXVII cit. 14, ecc.
9. Vedi *RVF* XXIII 9, «di ch'io son facto a molta gente exempio», ma con
l'adozione della clausola di I cit. 9, «al popol tutto» (: 12 frutto).

che, cun lor caminando, in breve spazio
11 al commun precipizio era condutto.

Nel fin cridai, del vanegiar già sazio:
– Perdon, – e di tal voce nacque un frutto
14 che l'alma trasse dallo eterno strazio.

10-11. *che, cun ... caminando ... commun ... condutto*: varie allitterazioni.   10. *in breve spazio*: di tempo. In rima con *strazio* (v. 14) in *RVF* II 10-13.   11. *commun precipizio*: l'abisso della morte e della dannazione (cfr. oltre XXXIII 5-8). – *condutto*: per la rima con *frutto* (v. 13) si consideri *RVF* CCLXXXVIII 4-5.   12-13. *Nel fin cridai ... – Perdon –*: l'invocazione sembra riecheggiare quella dello smarrito pellegrino di *Inf.* I 65, «– *Miserere* di me –, gridai a lui», ferma restando la possibilità di riscontro verbale con *RVF* I cit. 8, «spero trovar pietà, nonché perdono».   12. *vanegiar*: ancora un riconoscibilissimo imprestito dal solito *RVF* I cit. 12, «et del mio vaneggiar vergogna è 'l frutto». – *sazio*: in rima con *strazio* (v. 14) anche in *RVF* LXXI 71-73 (stracio) e CCCLXIII 10-14.   13. *nacque un frutto*: oltre allo scontato rinvio a *RVF* I 12 cit., non sarà disutile il richiamo di LXXI cit. 102-3, «onde s'alcun bel frutto | nasce di me».   14. Atteso che *strazio* indica qui la dannazione, è probabile il concorso di *RVF* CCXXXIX 24, «trarre o di vita o di martir quest'alma» e II cit. 13, «ritrarmi accortamente da lo strazio».

XXX.

Spirto, che reggi nel terrestre bosco
i nostri piè per questo cal selvagio,
guarda, quando serà fornito el viagio,
4   non dica el tuo Factor: – Non te conosco.

Io ti fei puro e bianco et or sei fosco,
da caligine operto è 'l vivo ragio;
pascer ti volse non di querci o fagio
8   ma d'ambrosia, e da un angue hai tolto el tòsco.

Sonetto sullo stesso schema di v. Rima inclusiva 10 *opra* : 12 *copra* : 14
disopra.

1-4. È situazione espressa dal Pico anche nella tarda *Deprecatoria ad
Deum* 59-60, «Ut cum mortalis perfunctus munere vitae | Ductus erit do-
minum spiritus ante suum» (in *Opera omnia* cit., p. 340).   1. L'attacco
riecheggia il solenne *incipit* di *RVF* LIII «Spirto gentil, che quelle mem-
bra reggi». – *Spirto*: anima. – *reggi*: guidi. – *terrestre bosco*: la metafora
connota l'intrico dell'esistenza, arduo da attraversare (onde *cal selvagio*
al v. 2). Il sistema delle parole rima di A è desunto per intero da *RVF*
CCXXVI: 2 bosco : 3 conosco : 6 tòsco : 7 fosco (per l'ascendenza dantesca
cfr. P. Trovato, *Dante* cit., p. 117).   1-2. *reggi ... / i nostri piè*: en-
jambement complicato da iperbato (altre inarcature ai vv. 3-4, 7-8, 12-13 e
13-14).   2. *nostri*: miei, *pl. modestiae*. – *cal*: via, sentiero. È termine usato
piú volte dal Petrarca (ad es. *RVF* CXXIX 2). – *selvagio*: si noti ancora una
volta lo scempiamento settentrionale nelle parole rima di B. Di esse tre risalgono a *RVF* CXXIX cit.: 42 faggio : 45 raggio : 46 selvaggio.   3. *quando
serà fornito el viagio*: alla fine della vita. Cfr. *RVF* XXXVII 17-18, «Il tempo
passa, et l'ore son sí pronte | a fornire il vïaggio» (: 21 raggio) (ma la me-
desima rima è anche in LIII cit. 6-7).   4. *Factor*: cfr. XXVII 5. – *conosco*: ri-
conosco.   5. *fei*: feci. – *puro e bianco*: dittologia sinonimica del tipo «pu-
ra et candida» di *RVF* CLXXXVII 5.   6. *caligine*: cfr. XVI 4. – *operto*: ricoperto, latinismo. – *vivo ragio*: pur in diversa accezione, è sintagma prima
dantesco (*Par.* XXXIII 77) e quindi petrarchesco (CCXXVII 12, per di piú :
14 vïaggio).   7. *volse*: volli. Perfetto sigmatico, poetico ma anche idio-
matico (vedi P. V. Mengaldo, *La lingua del Boiardo* cit., p. 128). – *querci o
fagio*: per metonimia, ghiande e faggiole (sorta di mandorle), a indicare
un cibo povero e primitivo. *querci* è pl. toscano in -*i*.   8. *angue*: serpe, latinismo. – *hai tolto*: hai preso, secondo un significato ben petrarchesco:
RVF CCXX 1, «Onde tolse Amor l'oro, et di qual vena». – *tolto el tò*sco:
sequenza omofonica e allitterante (e si vedano nel prosieguo v. 9 *Sordido*

Sordido sei e maculato e cieco,
e piú mi sdegno essendo tu nostra opra:
11   però parte nel ciel non avrai meco. –

Dunque mentre gli piace che ti copra
questo mio vel, deh fa che sempre seco
14   esser possàn nel regno là disopra.

---

sei, v. 11 *però parte* e v. 13 *sempre seco*).   9-10. Il collegamento polisinde-
tico appare in qualche modo simmetrico rispetto a quello messo in atto al
v. 5.   9. *Sordido*: sporco, latinismo. – *maculato*: termine dantesco: *Inf.* I
33 e XXIX 75.   10. *nostra*: *pl. maiestatis*.   11. Perciò non sarai in mia compagnia nel cielo. L'imprestito è questa volta dal *Vangelo*: *Giovanni* 13, 8,
«Si non lavero tibi pedes, non habebis partem mecum».   12-13. Cfr.
XXVII 11.   12. *gli*: a Dio, il *Factor* del v. 4.   13-14. *che sempre seco / esser
possàn*: cfr. *RVF* CCCXLVIII 14, «m'impetre gratia, ch'i' possa esser seco»
(: 11 cieco).   14. *possàn*: possiamo (io e te, noi: corpo e spirito), forma settentrionale della 1ª pers. pl. del pres. cong. – *nel regno là disopra*: nel regno dei cieli (e vedi XXIX 7).

XXXI.

Amore, a che bisogna piú ti sforzi
trarmi cun gli altri a l'amoroso gioco?
Del vanegiar non men sazio che fioco
4 già son, né temo a servirti mi sforzi.

So come presto un fiato solo amorzi
d'ogni nostra fortuna un lieto foco,
come un piacer terren può durar puoco,
8 come ogni uom morte di sua spoglia scorzi.

Sonetto sullo stesso schema di v. Rima identica 1 *sforzi* : 4 *sforzi*; ricca
2 *gioco* : 3 *fioco*; inclusiva 10 *esca* : 14 *fresca*.

1-2. Per siffatti tentativi da parte di Amore cfr. XXVIII 1-4. 1. *Amore*: vocativo d'esordio già in III 1 e V 1 (il tratto è comune nella tradizione lirica e
dunque in Petrarca: *RVF* CLXIII 1, CCXXXVI 1, CCLX 1, ecc.). – *a che*: interr. di seguito al voc., come ad es. in *RVF* CCCLX 39, «Misero, a che».
– *sforzi*: la rima in *-orzi* non si trova nella *Commedia* e nemmeno nel *Canzoniere*. È comunque possibile ravvisare il sistema delle parole rima di A
in *RVF* CCCLXI: 2 scorza (per la verità sost.) : 6 sforza : 7 amorza. Del resto
il lessico tutto del componimento (a parte v. 11 *exinanita* e v. 13 *insanabil*)
accusa la medesima ben riconoscibile matrice. 1-2. *ti sforzi* / *trarmi*: enjambement (la figura ritorna quindi, a volte resa piú complessa da inver-
sioni e iperbati, ai vv. 3-4, 5-6, 9-10, 10-11 e 12-13). 2. *altri a l'amoroso gioco*: allitterazione e omofonie (come al solito non isolate nel contesto del-
l'intero pezzo: v. 4 *son ... servirti ... sforzi*, v. 5 *So ... solo*, v. 6 *fortuna ... foco*, v. 7 *piacer ... può ... puoco*, v. 8 *sua spoglia scorzi*, v. 9 *seguite ... stroppio*, v. 10 *a' lacci, alle .... e l'amo e l'esca*, v. 13 *fata ... ferita*). 3. *Del vanegiar ... sazio*: cfr. XXIX 12. – *fioco*: debole, stanco. In rima con *foco* (v. 6)
pure in *RVF* CLXX 11-14, ma anche in *Par.* XXXIII 119-21. La coppia era già
stata impiegata dal Pico in III 3-7. 4. *sforzi*: costringa. In *Triumphus Cupidinis* III 125 Amore è detto il «signor, che tutto 'l mondo sforza» (: 129
scorza). 5. *So come*: a indicare piena consapevolezza è modulo già usato
in XXI 13, e prima in XIX 6, 10 e 12, ove è riscontrabile l'anafora di *come* (*como*), qui all'inizio dei vv. 7 e 8. – *fiato*: soffio. – *amorzi*: smorzi, spenga. E
vedi *RVF* CCCLXI cit. 7, «com'acqua 'l foco amorza». 7-8 Analoghe
constatazioni in XXV 7-8. 7. È certezza piú volte espressa dal Petrarca: si
pensi a *RVF* I 14, «che quanto piace al mondo è breve sogno», oppure
CCXLVIII 8, «cosa bella mortal passa, et non dura», senza trascurare una
clausola del tipo «picciol tempo dura» in CLXXXIII 14. Ma si consideri anche la già cit. *Epistula Ioanni Francisco nepoti* del 27 novembre 1492:

E voi, che Amor seguite, date un stroppio
a' lacci, alle catene, e l'amo e l'esca
11 rimanga senza preda exinanita.

E già di noi, che rimembrandol scoppio,
seria fata insanabil la ferita;
14 ma curata ho la piaga essendo fresca.

«Fac item cogites ... quam breve ... est omne illud quod haec omnia [vo-
luptates, honores, divitiae] ... nobis praestare possunt (in *Opera omnia*
cit., p. 346). – *puoco*: cfr. XXI 5.   8. *scorzi*: scortichi. Il verbo è attestato in
RVF CCLXXVIII 7-8, «Deh perché me del mio mortal non scorza | l'ultimo
dí», nonché in *Triumphus Cupidinis* III 129 cit.   9. *E voi ... seguite*: movenza assimilabile per ritmo, non per sintassi, a *RVF* LXXXVIII 10, «et voi
ch'Amore avampa». – *date un stroppio*: rompete. In rima con *scoppio* (v.
12) già in *RVF* XL 1-8, peraltro con accezione leggermente diversa.   10.
Per *lacci* e *catene* cfr. VI 7.   10-11. *e l'amo ... exinanita*: situazione opposta
rispetto a *Purg.* XIV 145-46, «Ma voi prendete l'esca, sí che l'amo | de l'an-
tico avversaro a sé vi tira». – *l'amo e l'esca*: con inversione, la stessa coppia in *RVF* CCXII 14. – *rimanga ... exinanita*: la concordanza viene istituita
soltanto con *esca* femm. – *senza preda exinanita*: sorta di amplificazione
sinonimica, in cui il deciso latinismo non fa che ribadire quanto già
espresso dal primo elemento.   12-14. Sulla necessità di provvedere per
tempo a sanare i devastanti effetti d'Amore cfr. XVII.   12. *E*: inizio simmetrico della 2ª terzina rispetto alla 1ª. – *scoppio*: cfr. in precedenza XXII
4.   12-13. *di noi ... la ferita*: la mia ferita, ovviamente provocata da Amore
(si notino il *pl. modestiae* e il forte iperbato).   13. *seria*: sarebbe. – *fata*:
usuale scempiamento di area padana.   14. *curata ho la piaga*: la forma
verbale composta con l'ausiliare 'avere' presenta l'accordo del participio
con l'ogg. femminile.

XXXII.

Se elletto m'hai nel cel per tuo consorte,
Segnor, fa' non mi tenga Amor piú a bada,
né per me indarno aperta sia la strada
4   del cel e de Pluton rotte le porte.

Sai come sopra noi regna la Morte,

Sonetto sullo stesso schema di 1. Assonanza in BC. Rima ricca 3 *stra-da* : 7 *agrada* e 10 *magistero* : 13 *sentero*.

1. *Se*: per l'*incipit* ipotetico vedi XIV 1. – *elletto*: scelto, con geminazione ipercorretta (e cosí dicasi per v. 14 *peccora*). – *consorte*: compagno. Tre delle parole rima di A in *RVF* CCLXXIV: 2 Morte : 3 porte : 7 consorte.   2. *Segnor*: si rivolge a Dio. Forma settentrionale caratterizzata da *e* protonica (al v. 9 invece *Signor*, con chiusura in *i*, tipicamente fiorentina). – *tenga ... a bada*: una sola volta in Petrarca: *Triumphus Fame* I 50-51, «et un gran vecchio il secondava a presso, | che con arte Anibále a bada tenne». 3. *indarno*: invano. 3-4. *aperta ... cel*: vedi *RVF* CXXVIII 112, «et la strada del ciel si trova aperta». Cfr. inoltre la piú volte ricordata *Epistula Ioanni Francisco nepoti* del 15 maggio 1492. «Quantum illud potius esset miraculum si tibi uni inter mortales sine sudore via pateret ad coelum» (in *Opera omnia* cit., p. 340; ed. moderna nei *Prosatori latini del Quattrocento* cit., p. 824). Per analoghe espressioni impiegate in precedenza dal Pico nei *Sonetti* si consideri XXIX 4 e la relativa nota di commento. – *sia ... strada*: alliterazione (e cosí, prescindendo dalle numerose ricorrenze anaforiche che costellano il testo, v. 5 *Sai ... sopra*, v. 8 *fral ... forte*, v. 9 *sai, Signor... su... stampa*, v. 10 *mirabil magistero*, v. 11 *volto ... vita*, v. 14 *pastor ... peccora*). – *strada*: in rima con *agrada* (v. 7) anche in *RVF* XCVI 9-11. 3-4. *strada / del cel*: il solito *enjambement* (e vedi in seguito ai vv. 9-10). 4. Cfr. *RVF* CCCLVIII 5-6, «Quei [Gesú] ... che col pe' ruppe le tartaree porte» (: 2 Morte). Per la discesa di Cristo nel Limbo (qui *Pluton* è ovviamente il dio degli Inferi) a liberare le anime degli antichi Padri ebrei credenti, naturale è il rinvio a *Inf.* IV 46-63, mentre almeno un accenno scritturale è ravvisabile nella *Epistula I Petri* 3, 19, «et his, qui in carcere erant, spiritibus adveniens praedicavit». 5. *Sai come*: per il sintagma, e quindi per l'insistita anafora di *come* nei successivi vv. 6-8, cfr. XXXI 5. – *come ... Morte*: vedi *RVF* CXXVIII cit. 97-99, «mirate come 'l tempo vola | et sí come la vita | fugge, et la morte n'è sovra le spalle». È ribadito nella fattispecie un concetto già espresso dal Pico in XXV 7-8 e XXXI 8, e rintracciabile anche nella piú volte cit. *Epistula Ioanni Francisco nepoti* del 27 novembre 1492: «Fac item cogites semper instantem mortem» (in *Opera omnia* cit., p. 346).

come el dí sette volte el iusto cada,
come un piacer terreno ai sensi agrada,
8 come io son fral, come 'l nemico è forte.

Tu sai, Signor, che me su la tua stampa
formasti con mirabil magistero
11 e spirasti nel volto a me la vita;

donque d'amor, di fé el mio core avampa
e cercami, s'i' vo fuor del sentero,
14 come un pastor la peccora smarita.

6. Scoperta la citazione biblica dal libro dei *Proverbî* 24, 16, « Septies enim
cadet iustus et resurget ». – *el dí*: al giorno, con valore distributivo. 7.
come un piacer terreno: cfr. XXXI 7. – *agrada*: sia gradito. 8. L'antitesi è
proposta in termini di rigorosa simmetria sintattica. *'l nemico*: forse piuttosto Amore, nominato al v. 2 (e cfr. in precedenza XXV 6), che non il tradizionale demonio di *RVF* LXXXI 4 e CCCLXVI 75, nonché dell'*Epistula* al
nipote Francesco appena ricordata al v. 5: « Fac item cogites ... quam sit
malus antiquus hostis » (*ibid.*). 9. *sai*: anafora rispetto all'inizio del v. 5,
primo della 2ª quartina. 9-10. *che ... formasti*: si impone il canonico rimando a *Genesi* I, 26-27, « Faciamus hominem ad imaginem et similitudi-
nem nostram ... Et creavit Deus hominem ad imaginem suam; ad imaginem Dei creavit illum » (formule peraltro riprese dal Pico anche nel-
l'*Heptaplus* cit., pp. 300 e 372) e 2, 7, « tunc formavit Dominus Deus hominem pulverem de humo », magari presupponendo una reminiscenza
prometeica (secondo che suggerisce il Testa, p. 56) dalla scena della crea-
zione che apre le ovidiane *Metamorfosi* I 83, « finxit in effigiem moderan-
tum cuncta deorum ». – *stampa*: impronta, e dunque immagine e somi-
glianza. In rima con *avampa* (v. 12) in *RVF* CCCLXVI cit. 20-23. 10. *mirabil magistero*: tratto di peso da *RVF* IV 2. 11. Continua la rivisitazione
del testo biblico: ancora *Genesi* 2, 7, « et inspiravit in nares eius spiracu-
lum vitae ». – *vita*: la rima con *smarita* (v. 14) è tutt'altro che inusuale nel
Canzoniere: VII 3-6, XLVII 2-6, CCLIX I-4. 12. *avampa*: accendi. 13-14.
Agisce da ultimo il referente evangelico: *Matteo* 18, 12, « Si fuerint alicui
centum oves, et erraverit una ex eis, nonne relinquet nonaginta novem in
montibus et vadit quaerere eam, quae erravit? » e *Luca* 15, 4, « Quis ex vo-
bis homo, qui habet centum oves, et si perdiderit unam ex illis, nonne di-
mittit nonaginta novem in deserto et vadit ad illam, quae perierat, donec
inveniat illam? ». Per parte sua il Testa, p. 56 cit. nota la presenza del motivo all'interno delle *Rime spirituali* di Lorenzo de' Medici, *Laude* II 9-12,
« Io son quella pecorella, | che 'l pastor suo ha smarrito: | tu, Pastor, lasci
per quella | tutto il gregge, e m'hai seguito ». 13. *s'i' vo fuor del sentero*:
si tenga presente *RVF* CCXL 3-4, « se con piena | fede dal dritto mio sen-
tier mi piego ».

XXXIII.

Poi che 'l gran Re dil celo alla sua stampa,
l'alma creò nudata d'ogni vizio,
a' nostri eterni danni un pors'inizio,
4   chi furar volse la febëa lampa.

Quinci Colei, da cui uom mai non scampa,
scese nel mondo e in alto precipizio
guida chi del gran primo benefizio
8   grata memoria non riscalda e avampa.

Costei miete ogni cosa, altro che 'l nome,

Sonetto sullo stesso schema di XIV. Rima derivata 10 *colpo* : 12 *scolpo*.
1. *Re dil celo*: vedi *RVF* CCCLXV 6, «Re del cielo invisibile immortale». –
alla sua stampa: a sua immagine (e cfr. XXXII 9). Come già per VI, le parole
rima di A sono desunte dalla 2ª stanza di *RVF* CCCLXVI: 16 lampa : 19
scampa : 20 avampa : 23 stampa.   2. *nudata*: libera, priva. È termine che
si cercherebbe invano in Petrarca (come nel prosieguo v. 6 *precipizio*, v. 7
benefizio, v. 10 *irreparabil*, v. 11 *deprecar* e *censi*, v. 13 *apertamente*).   3-8.
Riguardo alle letali conseguenze del gesto di Prometeo, il Ceretti, p. 55
rinvia a Orazio, *Odi* I III, 27-33, «audax Iapeti genus | ignem fraude mala
gentibus intulit! | Post ignem aetheria domo | subductum, macies et nova
febrium | terris incubuit cohors, | semotique prius tarda Necessitas | leti
corripuit gradum». Il Testa, p. 29 ne rileva inoltre la presenza all'interno
delle *Selve* di Lorenzo, I 77-84.   3. *eterni danni*: il sintagma in prima
istanza dantesco (*Inf.* XV 42) è quindi accolto dal Petrarca in *RVF*
CCCLXIV 13, nonché in *Triumphus Mortis* II 48 («etterno danno»).   3-4.
un … / chi: enjambement complicato da anastrofe, come al solito non isolato nel corso del componimento (si segnalano almeno quelli ai vv. 5-6,
6-7 e 13-14).   4. *chi*: che. – *furar*: rubare, latinismo. – *volse*: volle (e cfr.
XXX 7). – *la febëa lampa*: il fuoco, con riferimento a Febo in quanto perso-
nificazione del sole.   5. *Colei … scampa*: la Morte (e vedi VI 5, dove si
parlava peraltro d'Amore).   6. *alto*: profondo, latinismo. – *precipizio*:
cfr. XXIX 11.   7. *gran … benefizio*: quello espresso ai vv. 1-2.   8. *riscalda e
avampa*: dittologia caratterizzata da *climax* ascendente.   9. Per il riconoscimento verbale appare significativo il rimando a *RVF* CCXCI 14, «né di
sé m'à lasciato altro che 'l nome», che allude però a Laura, mentre sul
piano concettuale piena sintonia è riscontrabile con *Triumphus Mortis*
cit. I 89-90, «Tutti tornate a la gran madre antica, | e 'l vostro nome a pena

e 'l suo fatal, irreparabil colpo
11 deprecar non si può cun doni o censi.

Costei nel cor, ne gli ochi ora mi scolpo,
che apertamente mi dimostra come
14 obedir den, non commandar, i sensi.

---

si ritrova». – *nome*: in rima con *come* (v. 13) non raro in *RVF*: LXXIV 1-8,
XCVII 10-13, CXXVIII 72-76, ecc.   10. *colpo*: in rima col *scolpo* (v. 12) già in
XI 2-6.   11. *deprecar*: allontanare, latinismo. – *cun*: cfr. II 11. – *doni o censi*:
dittologia in clausola, come prima al v. 8. *censi* è latinismo per ricchez-
ze.   12. *Costei*: in perfetta simmetria con l'apertura della 1ª terzina (v. 9).
– *scolpo*: cfr. XI 2.   14. All'opposto di quanto dichiarato in *RVF* CCXI 7,
«regnano i sensi, et la ragion è morta». – *den*: devono, forma apocopata
di 'denno'.

XXXIV.

Quando io penso talora quel ch'era anzi
l'alma al Principio suo fosse conforme,
ch'io non pensava l'onesto, lo enorme
4   doverse misurar cun par bilanzi;

e che quando l'uom crede el gli avanzi,
spesso el sol cade, e lui el gran sonno dorme;
né che secarsi e diventar può informe
8   súbito un fior che verdegiava dianzi;

non me acorgeva, dico io, ahimè infelice,

Sonetto sullo stesso schema di XIV. Consonanza in AE. Rima inclusi-
va 1 *anzi* : 4 *bilanzi* : 5 *avanzi* : 8 *dianzi* (1 e 8 anche derivata); derivata 2
conforme : 7 *informe*.

1. *era*: normale uscita in *-a* della 1ª pers. sing. dell'imperf. ind. (e vedi oltre
al v. 3 *pensava* e al v. 9 *acorgeva*). – *anzi*: tre delle parole rima di A
risultano mutuate da *RVF* CXVIII: 3 dianzi : 6 avanzi : 7 anzi, mentre la serie 1 *anzi* : 4 *bilanzi* : 8 *dianzi* era già stata esperita dal Pico in XXI 10-12-
14.   1-2. *anzi ... conforme*: prima che l'anima si conformasse a Dio, suo
fattore (cfr. XXXII 9-11 e XXXIII 1-2), essendo ancora involta nell'errore (di
cui al v. 12). – *anzi / l'alma*: enjambement (come poi ai vv. 3-4, 7-8, 9-10 e
12-13).   2. *Principio*: nel senso di *RVF* CCCXLVII.   3. *pensava*: annomi-
natio rispetto a *penso* del v. 1. – *lo enorme*: ciò che, per nefandezza, è fuori
dalla norma, in senso etimologico.   4. *bilanzi*: cfr. XXI 12.   5-6. *quando
... cade*: proprio mentre l'uomo si illude che per lui ci sia ancora tempo,
spesso il sole vien meno, precipita: è metafora della vita.   5. *el*: il *sol* del
v. 6.   6. *lui*: *l'uom* del v. 5. Per l'impiego della forma obliqua del pron. in
funzione di sogg. cfr. I 5. – *el gran sonno*: della morte. – *dorme*: in rima
con *informe* (v. 7) pure in *RVF* L 38-39 ('nforme, verbo). – Notevole infine il virtuosismo nel trattamento (alliterazione, omofonia, anafora) del
tessuto fonologico del verso: *spesso el sol* cade, *e lui el gran sonno* dorme
(aspetto peraltro riscontrabile anche ai vv. 12-13: *E mentre e' mie' passati
error pensando / men*).   7-8. Cfr. XXI 14.   9-11. Il concetto platonico (se
ne veda la persistenza nel ciceroniano *Somnium Scipionis* XXVI 29, ove, a
proposito dell'anima impegnata in nobili attività e con riferimento alla
sua meta celeste, si dice: «velocius in hanc sedem et domum suam pervo-
labit») è più di una volta ribadito dal Pico nell'*Heptaplus* cit., p. 278:
«dum a patria peregrinamur et in hac vitae praesentis nocte et tenebris
vivimus» e p. 284: «cupidi terrenorum, obliti patriae». Il Testa, p. 55 ri-

esser qui in viaggio, esser qui posto in bando,
11 altrove esser la patria e la mia stanza.

E mentre e' mie' passati error pensando
men vo, fermo nel cor l'alte radice
14 de Carità, di Fede e di Speranza.

manda inoltre alla cit. *Epistula Ioanni Francisco nepoti* del 27 novembre 1492: «qui contemptis praesentibus illam suspirant patriam, cuius rex divinitas, cuius lex charitas, cuius modus aeternitas» (in *Opera omnia* cit., p. 346). 9. *non me acorgeva*: soltanto qui, all'inizio della 1ª terzina, la prop. principale del periodo inaugurato al v. 1: davvero eretica rispetto alle consuetudini petrarchesche l'esorbitanza dell'andamento sintattico rispetto ai comparti metrici del sonetto. Puntuale invece la possibilità di riscontro per il sintagma con *Triumphus Fame* Ia 115, «Non m'accorgea, ma fummi fatto un cenno». – *infelice*: in rima con *radice* pl. (v. 13) non ha cittadinanza nel *Canzoniere*, mentre comune è la corrispondenza «felice» : «radice» sing.: *RVF* CLXXIII 11-14, CCXXIX 11-14, CCLXIV 24-25, ecc. 10-11. *esser qui ... esser qui ... altrove esser*: anafora e chiasmo del locativo in terza sede. 11. *stanza*: dimora, latinismo. In rima con *Speranza* (v. 14) in *RVF* CCCLXV 10-14. 12-13. *E ... vo*: possono aver concorso *RVF* CCCLXV cit. 1, «I' vo piangendo i miei passati danni» e CCLXIV cit. 1, «I' vo pensando, et nel penser m'assale», scontata essendo la valenza petrarchesca di *error*. 13. *fermo*: rinsaldo. – *alte*: profonde, latinismo (e cfr. XXXIII 6). 14. Le tre virtú teologali. Per le prime due vedi in precedenza XVI 9-10.

XXXV.

Chi va del mondo lustrando ogni parte
dove si colca e dove el sol piú luce,
ritrovarà che a le terrestre luce
4   el ben col mal varia fortuna parte;

ma, lasso, che me offende in ogni parte,
né mai sopra di me vien chiara luce.
Verson lacrime sempre le mie luce,
8   e piú quando altri possa o 'l sol si parte;

Sonetto sullo stesso schema di v. Consonanza in CD. Il componimento è impostato su quattro parole rima soltanto: due nelle quartine:
parte e *luce* (analoga soluzione, piú avanti, in XXXVII), e due nelle terzine:
umbra e *libro*; per di piú *luce* e *umbra* risultano in opposizione semantica
fra loro. Evidente il gioco delle rime equivoche nella fronte: 1-4, 5-8 e 2-3,
6-7, mentre nella sirima si alternano rima identica: 9-11-13, e ancora equivoca: 10-12-14. A offrire nel complesso il modello di riferimento è *RVF*
XVIII, il quale possiede le due medesime parole rima nelle quartine e pun-
ta da cima a fondo sull'*aequivocatio*.

1. *Chi*: due soli testi nel *Canzoniere* esordiscono con tale relativo: LXXX e
CCXLVIII. – *lustrando*: perlustrando, esplorando, latinismo.   2. A occidente e a mezzogiorno. Si noti l'anafora di *dove*. – *colca*: corica. La metafora è dantesca: *Purg.* XXVII 68-69, «che 'l sol corcar, per l'ombra che si
spense, | sentimmo dietro e io e li miei saggi». 3. *ritrovarà*: variante pa-
dana in *-ar-* del fut. – *a le terrestre luce*: agli uomini nella loro vita terrena,
secondo un'accezione di *luce* ben petrarchesca: *RVF* XVIII cit. 6, «et veggio presso il fin de la mia luce». Foneticamente normale, sia al nord che
in area toscana, il metaplasmo al pl. degli aggettivi e dei sostantivi in *-e*,
come notato a suo tempo per I 9. 4. *fortuna*: in quanto *varia* è, latinamente, *vox media*. – *parte*: distribuisce, latinismo. 5. *ma, lasso*: stereotipo avversativo-interiettivo non discaro al Petrarca: cfr. *RVF* L 12, LXVI 19
e CCXIV 19. – *offende*: il sogg. è la *fortuna* del v. 4. – *in ogni parte*: ovunque
io sia o vada, con anafora rispetto alla clausola del v. 1. 6. *chiara luce*: sole pieno, sereno. Il sintagma, pur con diverso significato, è ancora una
volta petrarchesco: *RVF* CCIV 9. 7. *Verson ... sempre*: cfr. *RVF* LV 12,
«l'onde che gli occhi tristi versan sempre?». *Verson* è forma toscana al-
ternativa rispetto a quella regolare con desinenza *-ano*. – *le mie luce*: i
miei occhi, secondo un uso che è sí del Petrarca (ad es. *RVF* C 14, «fanno
le luci mie di pianger vaghe» e *Triumphus Cupidinis* II 87, «e fur da lor le
mie luci divise»), ma che appare già ben consolidato in Dante (*Inf.* XXIX
2, *Purg.* XVIII 16, ecc.). 8-9. Il tòpos dell'infelicità senza tempo, cosí dif-

né men quando al ritorno scuote l'umbra,
mentre el sudor distilla in qualche libro
11 del caldo a cui non trovo aure né umbra.

E quando ben mio stato penso e libro,
vorrei nel viaggio a Stigge esser in umbra,
14 essendo in fiamma uno exsicato libro.

fuso nella letteratura amorosa coeva e prossima (si pensi, tanto per fare
un esempio non peregrino, ai perottiniani amanti degli *Asolani* bembe-
schi, che «El dí hanno tristo et a noia gli è il sole ... ; ma la notte assa' pig-
giore», Q I XXXIII, 21-23), è ben radicato nell'immaginazione petrarchesca, in special modo delle sestine: *RVF* XXII, CCXVI (sonetto), CCXXXVII e
CCCXXXII. Nella fattispecie le possibilità di riscontro verbale privilegiano
comunque XXII, grazie a 5-6, «e qual s'annida in selva | per aver posa al-
meno infin a l'alba», 31, «Con lei foss'io da che si parte il sole» e 7-8, «da
che comincia la bella alba | a scuoter l'ombra intorno de la terra».   8.
possa: riposa, con geminazione ipercorretta. Si osservi inoltre l'interazio-
ne, favorita anche dalla sinalefe, delle allitterazioni e delle omofonie: *possa o 'l sol si parte.*   9. *scuote*: fuga, dissipa. Il sogg. è *sol*, che si trova al v.
8, ultimo della quartina precedente, secondo un procedimento omolo-
go a quello già verificatosi per *offende* (v. 5) e *fortuna* (v. 4).   10-11. *el sudor ... / del caldo*: forte iperbato. *sudor* è *hapax* dantesco (*Inf.* III 132), ma
qui si tratterà, fuor di metafora, ancora del pianto provocato dal fuoco
amoroso o, piú in generale, dall'avversa fortuna (v. 5). – *distilla*: stilla,
con l'adozione di un termine prima dantesco (*Inf.* XXIII 97, *Purg.* XV 95,
ecc.) e quindi petrarchesco (ad es. *RVF* LV cit. 8, «conven che 'l duol per
gli occhi si distille»). – *libro*: da intendere qui nel senso comune e proprio
del termine. Bisogna pensare, credo, a una lettura notturna prolungata fino all'alba.   11. Qualcosa di analogo in *RVF* LXXIX 3, «piú non mi pò
scampar l'aura né 'l rezzo». caldo a *cui*: allitterazione (come poi al v. 13
vorrei ... viaggio).   12. *E quando ... penso*: cfr. *RVF* CXXII 3, «ma quando
aven ch'al mio stato ripensi». – *libro*: pondero, con l'usuale possibilità di
riscontro nei *RVF*: CXCVIII 8, «in frale bilancia appende et libra».   13.
vorrei ... esser: altro iperbato. – *Stigge*: la virgiliana (*Aen.* VI 323) e dantesca (*Inf.* VII 106, ecc.) palude infernale, evocata anche dal Petrarca (*RVF*
CCCVI 14, ecc. e *Triumphus Fame* Ia 133). Per quanto riguarda la scrizione
geminata, può darsi che sia stata indotta da *viaggio*, che immediatamente
precede.   13-14. *esser in umbra, / essendo in fiamma*: a fine e inizio verso
si trovano allineate sequenze simmetriche (vista anche l'*annominatio esser ... essendo*) e però antinomiche sotto il profilo semantico.   14. *uno exsicato libro*: una secca scorza.

XXXVI.

Era la donna mia pensosa e mesta,
vòta di gioia, carca di dolore
e cun lei insieme ragionava Amore,
4   ch'a meza nocte a lacrimar me desta,

quando ignudo gli apparve senza vesta,
a guisa de un mesaggio, el nostro core
per farli scusa del commesso errore,
8   se 'l promesso errore ancor s'aresta.

Ella a pietà non ch'a perdon si volse,

Sonetto sullo stesso schema di 1. Assonanza in BC. Rima inclusiva 11
strale : 14 *ale*.

1-6. *Era ... quando ... gli apparve ... el nostro core*: costrutto sintattico certo
rintracciabile nei *RVF* (11 5-7, 111 1-3, cxc 12-14), ma la natura visionaria
del testo chiama in gioco con decisione il primo sonetto della dantesca
Vita Nuova, 111 5-7, «Già eran quasi che atterzate l'ore ... quando m'apparve Amor subitamente».   1-2. *pensosa ... dolore*: la dittologia prima e
l'asindetica antitesi psicologica poi rinviano a *RVF* cccxli 5-6, «ad ac-
quetare il cor misero et mesto, | piena sí d'umiltà, vòta d'argoglio».   2.
carca di dolore: cfr. *RVF* ccclx 6 «mi rappresento carco di dolore». – *dolore*: l'intero sistema delle parole rima di B è mutuato da *RVF* 1: 2 core : 3
errore : 6 dolore : 7 amore.   3. La situazione è tipicamente petrarchesca.
Basti richiamare ad es. *RVF* xxxv 13-14, «cercar non so ch'Amor non
venga sempre | ragionando con meco, et io co·llui».   4. Cfr. *RVF* viii
3-4, «la donna che colui ch'a te ne 'nvia | spesso dal sonno lagrimando
desta» (: 1 vesta). La condizione dell'amante è quella già presentata dal
Pico nel precedente xxxv 7-11.   5. *gli*: normale per il dat. sing. femminile
nella coeva lingua settentrionale (e si veda *farli* al v. 7 e ancora *gli* al v.
13).   6. *mesaggio*: messaggero, con scempiamento padano. In tale accezione il termine giunge, dai Siciliani attraverso Guittone, sino a Dante:
Purg. v 28, «e due di loro, in forma di messaggi». – *nostro*: mio, *pl. modestiae*.   7. *farli scusa*: scusarsi con lei. – *errore*: il torto, la mancanza che ha
provocato nella donna l'atteggiamento raffigurato ai vv. 1-2.   8. *promesso errore*: sorta di connessione *capfinida*, complicata da paronomasia, rispetto a *commesso errore* del v. precedente. Circa *promesso*, mi sembra
che si possa intendere, come latinismo, nel senso di avanzato, che si è lasciato procedere. – *aresta*: solito scempiamento settentrionale.   9-14. Il
motivo del cuore che vive presso l'amata è tradizionale (cfr. in preceden-

ché per farla piú certa del suo stato
11 el cor scopersi: le sue fiame e i strale

ne l'umido suo grembo alor racolse,
e l'empio mio Segnor, che gli era a lato,
14 disse: – Volato è qui con le mie ale. –

za VIII 5-6 e XVIII 9-11).   9. *a pietà non ch'a perdon*: vedi *RVF* I cit. 8,
«spero trovar pietà, non che perdono».   10. *per farla piú certa*: modulo
in uso anche presso il Petrarca: *RVF* CXX 5, «per far voi certo». – *suo*: del
cuore. – *stato*: in rima con *lato* (v. 13) non è inusuale nel *Canzoniere*: CX
5-8, CCLXIV 133-34, CCCLIII 3-6.   11. *el cor scopersi*: ecco perché alla donna era apparso *ignudo* e *senza vesta* (v. 5). – *fiame ... strale*: tòpiche figure
della passione amorosa, connesse, s'intende, con la tradizionale iconografia di Cupido. – *i strale*: gli strali. Al Nord l'art. pl. masch. dinanzi a *s*
implicata è normalmente *i*. Bisognerà attendere il Bembo (*Prose* III ix,
p. 183) per assistere a una decisa prescrizione di *gli*.   12. *umido*: bagnato
dalle lacrime.   13. *l'empio mio Segnor*: Amore del v. 3, e cfr. *RVF* CCCLX
cit. 1, «Quel'antiquo mio dolce empio signore».   14. *Volato*: si noti la rima interna, per di più inclusiva e ricca, con *lato* del v. 13. – *ale*: diffuso pl.
in *-e* (: 11 *strale*), alternativo rispetto a quello in *-i* (in *RVF* CCCLV ad es. la
rima è 3 strali : 6 ali) (e cfr. in precedenza 11 14).

XXXVII.

Sí como del mondo umbra senza luce,
posta del mondo alle piú inferne parte,
cosí riman tu, Italia: ecco si parte
4 el tuo vivo splendor ch'altrove or luce.

De' soi bei raggi aviva le tue luce
mentre che a' Galli e a noi suo lume parte,

Sonetto a schema ABBA ABBA, CDEECD, in attestazione unica.
Non usato dal Petrarca. Consonanza in AC. Analogamente a XXXV, e
quindi sulla scorta di *RVF* XVIII, due sole parole rima nella fronte (le medesime, ma scambiate di sede: *luce* e *parte*), con 'inevitabile' impianto di
aequivocatio: 1-4, 5-8 e 2-3, 6-7. Rima povera 10 *bui* : 14 *fui*.

1-3. *Sí como ... cosí*: simile attacco, con successivo nesso correlativo, una
volta sola in *RVF*: CXCI 1-3, «Sí come ... cosí».   1. *del mondo umbra senza luce*: anastrofe. Di norma «ombra» in Dante a designare il dannato. Il
mondo ... senza luce è ovviamente l'inferno, il dantesco «mondo cieco»
(*Inf.* XXVII 25); ma non si trascuri, vista la sopra indicata cogenza metrica
del modello, che «senza luce» è clausola anche di *RVF* XVIII cit. 7.   2.
del mondo alle piú inferne parte: ancora un'inversione, con anafora rispetto al v. precedente. – *inferne*: profonde, latinismo. – *parte*: circa il pl.
in *-e* (qui peraltro necessitato dalla rima, come del resto in seguito v. 5 *luce* e v. 7 ancora *parte*) cfr. XXXV 3.   3-4. Si apprende che il componimento riguarda la partenza dall'Italia di un importante personaggio, con ogni
probabilità politico. La sintassi è caratterizzata da *enjambement* (e cosí ai
vv. 7-8 e 9-10).   3. *riman*: rimani, 2ª pers. sing. dell'ind. pres. – *ecco si
parte*: richiama «et pur si parte» di *RVF* XVIII cit. 8.   4. *vivo splendor*:
variante del petrarchesco «vivo sole» (*RVF* XC 12, CCVIII 9, ecc.) riferito a
Laura. L'estensibilità del sintagma a una prestigiosa figura maschile pare
garantita dal fatto che piú oltre (XL 6) il Pico definisce *chiaro splendore* un
Segnor (forse Lorenzo de' Medici).   5. *aviva*: imperativo. Il verbo è dantesco: *Par.* IV 120, XIII 5, ecc. – *luce*: cfr. XXXV 7.   6. *parte*: divide, distribuisce, latinismo ben noto anche al Petrarca: *RVF* XVIII cit. 5, CXLVI 14,
CCXLV 12, ecc. La dipartita avviene dunque attraverso il confine con la
Francia, onde la possibilità di dispensare la luce sia ai Francesi che agli
Italiani. Ma l'indizio è davvero esile per mettere a fuoco una specifica oc-
casione o azzardare un riconoscimento. Perlomeno astratta invece l'interpretazione del Testa, p. 71: «Nel sonetto ... il Poeta commisera l'Italia:
l'antico splendore di lei e quello della Francia son passati *altrove*, indub-
biamente nella Spagna».

che quando tutta vòlta in altre parte
8 serà, rimanga in te la impresa luce.

Alor me parerai como del cieco
regno di Dite stano i spirti bui,
11 ché si cognosce un ben quando è perduto.

E quando il danno tuo fie cognosciuto,
intenderai s'avia da pianger teco,
14 dicendo: – Io non son piú quella ch'i' fui. –

7-8. *quando tutta vòlta ... serà*: si intende, è ovvio, la luce. Cfr. *RVF* XVIII
cit. 1, «Quand'io son tutto vòlto in quella parte». 8. *rimanga ... luce*:
cfr. *RVF* XVIII cit. 3, «et m'è rimasa nel pensier la luce». – *impresa*: rice-
vuta, da 'imprendere' piuttosto che non forma scempia da 'imprime-
re'. 9-10. In simmetria con la 1ª quartina (vv. 1-2) vengono ribaditi elementi infernali. La sintassi appare connotata, oltre che dall'*enjambement*, da un forte iperbato (*como ... stano*), mentre sul versante dei suoni
si inseguono le allitterazioni e le omofonie: *di Dit*e stano *i spirti bui*. – *cieco / regno di Dite*: classicamente l'Averno, di cui Dite rappresenta la mi-
tologica divinità (cfr. Virgilio *Aen.* VI 268-69, «Ibant obscuri sola sub
nocte per umbram | perque domos Ditis vacuas et inania regna». È certo
non stupisce che ogni singola tessera sia altresí localizzabile all'interno
della dantesca *Commedia*: rispettivamente *Inf.* XXVII 25 cit., VII 87, XI 65,
ecc. 10. *i spirti bui*: le anime dei dannati, con forma sincopata (per l'art.
i davanti a *s* impura vedi XXXVI 11). Le parole rima in D risalgono a *Inf.* XVI
82 bui : 84 fui (ma anche XXIV 137-41), cosí come quelle di E a *Purg.* VII 25
perduto : 27 conosciuto. 11. Conclusione sentenziosa di tipo, per cosí
dire, strambottistico. 12. *E quando ... fie cognosciuto*: in sede privilegia-
ta (inizio e fine verso) evidenti connessioni anaforiche e paronomastiche
con il v. precedente, per di piú disposte a chiasmo. – *fie*: sarà, poetico.
13. Qualcosa di simile, mutate le persone, a *RVF* CCLXVIII 21, «gran cagion ài di dever pianger meco». – *avia*: avevo, forma in *-ia* della lingua
poetica, con dileguo della *-v-*. 14. *dicendo*: mentre vai dicendo. Il sogg.
è sempre l'*Italia* del v. 3. – *Io ... fui*: cfr. *RVF* CCLII 13, «ch'i' non son piú
quel che già fui», senza trascurare che «I' fui» è clausola del già cit. *Inf.*
XVI 84.

XXXVIII.

Per quel velo che porti agli ochi avinto
e per colei che si creò ne l'acque,
pel bel paese ove la Ninfa nacque
4 per cui fusti da te legato e vinto;

per la faretra di cui vai accinto,
pel strale a cui el mio cor per segno piacque,

Sonetto sullo stesso schema di 1. Rima ricca e inclusiva 1 *avinto* : 4 *vinto*; ancora inclusiva 2 *acque* : 3 *nacque* : 6 *piacque* : 7 *tacque*; povera 10 *costei* : 13 *sei*; imperfetta (per via del latinismo grafico) 11 *adumbra* : 14 *ingombra*.

1. *Per*: nell'economia di una sintassi che travalica, come già altre volte (cfr. XX, XXVI, XXXIV), il petrarchesco confine della fronte, l'invocazione ad Amore (v. 9) è introdotta dalla preposizione *per* (*pel* ai vv. 3 e 6), anaforicamente ribadita all'inizio dei primi sette versi delle quartine (con lieve eccezione al v. 2, ove compare in 2ª sede). Ma il gusto per la simmetria permea ugualmente le terzine se v. 9 *Amor* e v. 10 *accuto* sono allitteranti e i vv. 13-14 si aprono entrambi con o (l'articolazione della 2ª terzina è del resto tutta disgiuntiva, con ben cinque occorrenze della specifica congiunzione). Come se questo non bastasse infine, notevole appare la presenza all'interno di ciascuno dei primi nove versi, nonché in principio al v. 11, di una proposizione relativa, con ovvio proliferare di *che* e di *cui*. – *velo ... avinto*: cfr. XXIII 5. E, salvo v. 5 *accinto*, *ibid.* (vv. 4-5-8) anche le parole rima di A.   2. *colei ... acque*: Venere Anadiomene, che nacque dalle onde dello Ionio (l'identificazione della divinità è già in Ceretti, p. 57).   3-4. Sempre il Ceretti (*ibid.*) intende che si alluda alla favola di Amore e Psiche.   3. *bel paese*: il sintagma, notoriamente impiegato da Dante e Petrarca per indicare l'Italia (*Inf.* XXXIII 80 e *RVF* CXLVI 13), due volte nei *RVF* richiama invece, come qui, la persona amata: LXI 3 e CLXXVII 12. – *nacque*: tre delle parole rima di B, pur con diversa desinenza, risalgono a *RVF* CLXXIV: 2 nacqui : 6 piacqui : 7 tacqui.   5. *faretra*: per tale corredo d'Amore si consideri *RVF* CLI 9, «Cieco non già, ma pharetrato il veggo», tenendo presente che di «arco faretrato» si parla anche al v. 2 del sonetto attribuito al Burchiello *Molti poeti han già descritto Amore* (richiamato in precedenza nelle note di commento a XXIII 1 e 5). – *accinto*: per parte sua l'Alberti (e cfr. ancora le annotazioni a XXIII 5) applica il verbo al 'velo': *Rime* V 4, «E dolce agli oc[c]hi poi quel velo accinse».   6-8. Cogente l'influenza di *RVF* CLXXIV cit. 6-7, «et con l'arco a cui sol per segno piacqui, | fe' la piaga onde, Amor, teco non tacqui», magari presupponendo per il v. 6 il parallelo concorso di CXXXIII 1,

per la vendetta de cui mal non tacque
8   di te, ch'indi ne fui poi quasi extinto,

Amor, deh move il stral, che in ocio siede,
accuto piú che mai contro a costei
11   che 'l tuo bel nome e la mia vita adumbra:

tal che o per prova al nostro mal díe fede
o io no 'l senta; o al fin, se iusto sei,
14   o me soleva o l'uno e l'altro ingombra.

«Amor m'à posto come segno a strale».   7. *vendetta*: è quella nel cui segno si inaugura il *Canzoniere* (ii 1) e che si materializza nel «colpo mortal» (*ibid.* 7), «la piaga» sopra cit. in CLXXIV 7.   7-8. *non tacque / di te*: la
litote è ulteriormente rilevata dalla presenza dell'*enjambement* e dall'allitterazione. Si intende che *tacque* è 1ª pers. sing.   8. *fui*: non sfugga la rima interna con *cui* del v. precedente. – *quasi extinto*: la medesima clausola già in XXIII 8.   9-11. L'invito a colpire Madonna, motivo non inusuale
nella lirica di fine secolo, denuncia comunque un preciso ascendente petrarchesco in *RVF* CXXI.   9. *siede*: le parole rima di C in *RVF* CCXLIII: 2
siede : 3 fede.   9-10. *move il stral ... / accuto*: ancora un *enjambement*,
complicato da iperbato (un'ulteriore inarcatura incalza subito di seguito
ai vv. 10-11). – *il stral ... ocio ... accuto*: tratti morfologici e fonetici propri
della koinè settentrionale (cfr. rispettivamente VII 8, IV 9 e II 7).   10-11.
ac*cuto ... che ... contro ... co*stei */ che*: intreccio di omofonie, allitterazioni
e anafore, che si prolunga quindi, in relazione ad altri suoni, all'interno
dei vv. 12-14: *tal ... o per prova al ... mal ... o io no 'l sen*ta; *o al ... se iusto*
*sei, / o ... soleva o l' ... e l'al*tro.   11. *bel nome*: sintagma del Petrarca:
CLXXXVII 13 e CCXCVII 13. – *adumbra*: offusca. Anche per le parole rima di
E possibilità di riscontro nei *RVF* (XXXVIII 6-7 e CCCXXVII 5-8), con l'avvertenza che si tratta di strada già battuta da Dante (*Purg.* XXXI 142-44)
(vedi P. Trovato, *Dante* cit., p. 114).   12. *tal che*: modulo consecutivo de-
cisamente caro al Petrarca in esordio di verso: *RVF* IV 13, XX 4, CLXXXIX
14, ecc. – *per prova*: inevitabile il richiamo del celeberrimo «ove sia chi
per prova intenda amore» di *RVF* I 7. – *nostro*: mio, *pl. modestiae*. – *díe*:
dia, forma tipica della lingua poetica per la 3ª pers. sing. del cong. pres. Il
sogg. sarà la donna colpita da Amore.

XXXIX.

Chiara alma, chiara luce, chiaro onore,
chiara virtú, chiari costumi alteri,
chiaro intellecto, chiari desideri,
4   chiara nova beltà, chiaro splendore,

chiaro albergo di senno e di valore,
chiari, canuti e leggiadri penseri,

Sonetto sullo stesso schema di v. Assonanza in AC e consonanza in AB (ma anche in CD compare, scempia o geminata, la medesima consonante *l*). Rima ricca 2 *alteri* : 7 *magisteri*.

1-11. Il prolettico catalogo dei doni elargiti da Dio alla donna (v. 12) (l'enumerazione insomma dei pregi della stessa, secondo modalità sintattiche che trovano una qualche corrispondenza in *RVF* CCXIII, nonché in CCXXXVIII 1-3, seppur con riferimento a un personaggio maschile) si caratterizza per il sistematico intento anaforico, mediante una tecnica di ampia diffusione nella lirica di fine secolo e dal Pico già esperita in v. L'aggettivo chiave prescelto (*chiaro*) (un *senhal*?) è di quelli ben petrarcheschi (un'ottantina di attestazioni fra *Rime* e *Trionfi*) e opera dapprima a connotare aspetti etico-spirituali (vv. 1-7), per volgersi da ultimo, con le movenze del *plazer*, all'evocazione delle bellezze fisiche (vv. 8-11). Il tutto nell'ottica di una studiata simmetria numerica, per cui nella disposizione delle 17 occorrenze (9 a inizio verso) si procede con una sorta di *climax* discendente dalle tre del v. 1 alle due dei vv. 2-4, fino alle singole dei vv. 5-6, e quindi, con procedimento inverso, si risale alle due, questa volta stabili, dei vv. 7-9. Cosicché l'effetto sortito, dal punto di vista ritmico, sarà la scontata prevalenza dell'andamento dicotomico. Giudiziosi infine gli accoppiamenti dell'attributo con sostantivi di stretto àmbito petrarchesco. 1. *Chiara alma*: cfr. *RVF* CCXXXVIII cit. 2. – *chiara luce*: per il medesimo sintagma, ma in contesto allotrio, vedi *RVF* CCIV 9. – *onore*: tre delle parole rima di A in *RVF* CCXV: 3 fiore : 6 honore : 7 valore. 2. *chiara virtú*: cfr. *RVF* CCXCV 13-14 e *Triumphus Cupidinis* II 50 (in entrambi i casi «vertute»). – *chiari costumi alteri*: al di là dell'allitterazione (e non ne mancano nel prosieguo: v. 6 chiari, canuti e v. 14 *f*arne *f*ede), si noti come, qualora vengano impiegati ulteriori aggettivi rispetto a *chiaro*, evidente appaia la cura nel dislocarli in modo da coniugare esigenze di variazione e insieme di simmetria: v. 4 *chiara nova beltà*, v. 6 *chiari, canuti e leggiadri penseri*, v. 8 *chiara rosa vermeglia*. 5. *senno ... valore*: compaiono accostati, per la verità come personificazioni, in *RVF* CLVI 9. 6. *canuti e leggiadri penseri*: posatezza e leggiadria allignano in *RVF* CCXIII cit. 3,

chiaro spirito e chiari magisteri,
8 chiara rosa vermeglia, chiaro fiore,

chiara gemma piú assai che un chiaro sole
quando apre l'anno verde, e rivi, colli
11 orna de fresche e palide vïole:

questi doni fe' Giove, e a ti donolli
per monstrar che lui può quanto che vòle;
14 per farne fede poi qua giú mandolli.

«sotto biondi capei canuta mente» e CXLVIII 13, «pensier' leggiadri et alti», nonché in *Triumphus Pudicitie* 88, «penser canuti in giovenile etate». 7. *magisteri*: doti eccezionali, perfezioni. 8. *vermeglia*: variante dialettale rispetto alla forma fiorentina con anafonesi. Che tale sia il colore delle rose è indicazione prima di tutto petrarchesca (*RVF* CXXVII 71, CXXXI 9, CLVII 12), ma certo il virgiliano «purpureos spargam flores» (*Aen.* VI 884) è divenuto ormai referente canonico per l'immaginazione lirica quattrocentesca (si pensi anche solo al Boiardo di *Amorum libri* I 36, 5, «Datime e' fiori e candidi e vermigli» o al Poliziano piú scontato della ballata CII 4-5, «e vaghi fior novelli, | azzurri, gialli, candidi e vermigli»). 9. Il paragone non è inusuale nei *RVF* (CCCXXXIV 3, CCCLII 2), ma, una volta sbrogliate le anastrofi che caratterizzano il testo pichiano, il rimando piú convincente sembra essere quello a CCCXI 10, «Que' duo bei lumi assai piú che 'l sol chiari». – *chiaro sole*: è il sogg. sia di *apre* (v. 10) che di *orna* (v. 11). Per il sintagma cfr. *RVF* CCCVIII 13. *sole* è inoltre piú di una volta nel *Canzoniere* in rima con *vïole* (qui al v. 11) (CLXII 6-7, CCCLII cit. 2-6) e con *vòle* (qui al v. 13) (CCXXV 2-6, CCXLVI 10-12, ecc.). 10. *quando apre l'anno verde*: a primavera. È noto l'uso intransitivo di 'aprire' in Petrarca (*RVF* CCCXXIII 45), ma credo che nella fattispecie si debba intendere transitivamente, sulla scorta piuttosto di LXVI 39, «quando 'l sole apre le valli». 10-11. *e rivi, colli / orna*: si noti, oltre all'*enjambement*, la coppia asindetica (per la quale vedi già XXXIV 3). 11. *palide vïole*: cfr. *RVF* CLXII cit. 6, «amorosette et pallide vïole» (: 7 sole). 12. *Giove*: Dio, nel senso cioè dantesco di *Purg.* VI 118-19. – *ti*: te, forma di koinè (magari da addebitarsi al copista). 13. Cfr. XI 10. Naturalmente la perfetta coincidenza di potere e volontà rinvia alla formula di *Inf.* III 95-96 e V 23-24, «vuolsi cosí colà dove si puote | ciò che si vuole». 14. Cfr. XXVII 7-8.

XL.

Segnor, pensava in rime racontarve
ove prima ligato fu el mio core,
ove el mio pianto comenciò e 'l dolore
4   e fece Amor di me quel che a lui parve,

quando Apollo, segnor nostro, m'apparve
e disse: – Or canta d'un chiaro splendore

Sonetto sullo stesso schema di XIV. Consonanza in BE. Rima apparentemente derivata, ma, data l'*aequivocatio*, inclusiva e ricca 4 *parve* : 5
apparve; povera 9 *cantarei* : 13 *ubedirei* e 10 *nui* : 12 *lui*.

1-4. Secondo il Testa, pp. 65-67 il poeta allude qui alla sua intenzione di
«tessere un canzoniere» da dedicare a Lorenzo de' Medici (peraltro già
invocato in XVIII 7).   1. *Segnor* (e cosí anche al v. 5, mentre *Signor* al v.
13): forma settentrionale, non disdegnata però dal Petrarca: *RVF* XXVI 8 e
CXXVIII 10. – *pensava*: 1ª pers. sing. dell'imperf. ind. – *rime* racontarve: allitterazione. – *racontarve*: l'intero sistema delle parole rima di A trova riscontro in *RVF* LXXXIX: 2 parve : 3 ricontarve : 6 m'apparve : 7 larve.   2.
Tipico mosaico di tessere petrarchesche: *Triumphus Eternitatis* 93, «e
vedrassi ove, Amor, tu mi legasti»; *RVF* LIX 1, «Perché quel che mi trasse
ad amar prima» e 4-5, «Tra le chiome de l'òr nascose il laccio, | al qual mi
strinse, Amore», nonché, per quanto in contesto non amoroso, XCVIII 3,
«ma il cor chi legherà, che non si sciolga [?]». – *ligato*: la forma, di per sé
latineggiante, denota comunque una spinta dialettale (cfr. P. V. Mengaldo, *La lingua del Boiardo* cit., p. 64). – *core*: tre delle parole rima di B ri-
corrono in *RVF* LIX cit.: 5 Amore : 7 core : 8 splendore.   3. *ove*: anafora
rispetto all'inizio del v. precedente. – *comenciò*: ancora un esempio di vo-
calismo alto-italiano.   4. Cfr. *RVF* LXXXIX cit. 1-2, «Fuggendo la pregio-
ne ove Amor m'ebbe | molt'anni a far di me quel ch'a lui parve».   5. Ri-
calca sí il modulo di certe apparizioni dantesche (*Inf.* XXV 71, «quando
n'apparver due figure» e XXVI 133, «quando n'apparve una montagna»),
ma a fare aggio sarà, per le ragioni di rima sopra indicate al v. 1, *RVF*
LXXXIX cit. 6-7, «et poi tra via m'apparve | quel traditore [Amore]». – *se-
gnor nostro*: vedi *RVF* CXII 14, «nocte et dí tiemmi il signor nostro Amore». E se il personaggio a cui il Pico si rivolge al v. 1 è davvero Lorenzo,
anche lui poeta, *nostro* andrà inteso qui propriamente come pl.: il dio
della poesia ha signoria su entrambi.   6-7. Or canta d'un chiaro splendore ... e lassa Amore: perentorio invito a passare dagli amori all'encomio e
quindi, sul piano dello stile, ad elevarsi dal racconto (v. 1) al canto.   6.
chiaro splendore: vedi in precedenza XXXVII 4.

ch'aluma l'universo, e lassa Amore
8 che l'uom sempre lusenga in false larve.

Io ben del suo bel nome cantarei,
ma se ne sdegna e, facto emulo a nui,
11 spesso ad altrui mi fa parer men chiaro. –

Cosí lui a me; et io risposi a lui:
– Volenteri, Signor, te ubedirei,
14 se donato m'avesti un stil piú raro. –

7-8. *ch'aluma l'universo … che l'uom sempre lusenga*: all'interno delle simmetriche relative si annida un chiasmo. Da notare inoltre l'insistita ricor-
renza dei fonemi *l, u* ed *a*: *aluma l'u*niverso … *la*ssa … *l'u*om … *lu*senga …
*fa*lse *la*rve.   7. *lassa*: lascia, assibilazione settentrionale.   8. *lusenga*: lu-
singa, variante dialettale. – *in false larve*: cfr. *RVF* LXXXIX cit. 7, «in sí
mentite larve».   9. La condizionata dichiarazione d'intenti richiama
RVF CXXXI 1, «Io canterei d'amor sí novamente», mentre il gioco di suoni *ben del … bel* sembra avere una qualche implicazione con CXL 14, «Ché
bel fin fa chi ben amando more». – *cantarei*: forma padana.   10-11. Il
chiaro splendore (v. 6) emula addirittura la luce del vero sole (Apollo),
con riferimento, si capisce, anche all'abilità poetica. Il tutto mediante un
riuso di componenti dell'immaginazione petrarchesca relative a Laura: i
due soli (*RVF* C 1-2, CCLV 5-8, CCCXXVI 9-10) e certe sue bellezze (occhi,
viso, capelli), «che facean l'oro e 'l sol parer men belli» (CCCXLVIII 3).
11. *altrui*: rima interna rispetto a *nui* del v. precedente, con una ripercussione a seguire nei due *lui* del v. 12. – *chiaro*: in rima con *raro* (v. 14) anche
in *RVF* CCXCVI 6-7.   12. *lui a me*: per l'impiego dell'obliquo di 3ª pers.
sing. in funzione di sogg. cfr. I 5.   13-14. Lo stile è inadeguato alla bisogna, onde si intende che l'intero componimento interpreta l'idea di
un'encomiastica *recusatio*.   13. In un dialogo dalle movenze dantesche,
forse un'eco di *Inf.* V 73-74, «Poeta, volontieri | parlerei a quei due».
14. *avesti*: avessi, con probabile influenza del perfetto. – *un stil piú raro*:
cfr. *RVF* CCXCIII 4, «in numero piú spesse, in stil piú rare» e *Triumphus
Cupidinis* IV 27, «et avea un suo stil soave e raro».

XLI.

Io me sento da quel che era en pria
mutato da una piaga alta e suave,
e vidi Amor del cor tôrme le chiave
4 e porle in man a la nemica mia.

E lei vid'io acceptarle altera e pia
e d'una servitú legera e grave

Sonetto sullo stesso schema di 1. Assonanza in CD e consonanza in
BD. Rima povera 1 *pria* : 4 *mia* : 5 *pia* : 8 *Gelosia*; ricca 6 *grave* : 7 *prave* e 9
Ragione : 12 *pregione*.

1-2. *io me sento ... / mutato*: cfr. *RVF* XXXIII 12, «quanto cangiata [Laura],
oimè, da quel di pria! », con l'occhio all'antecedente virgiliano di *Aen.* II
274-75, «ei mihi, qualis erat, quantum mutatus ab illo | Hectore qui ...».
E si noti come d'acchito il deciso *enjambement*, complicato da iperbato,
conferisca alla movenza ritmico-sintattica una sinuosità tutta particolare.   1. *pria*: il sistema delle parole rima di A accorpa particelle all'origine
atomizzate nelle sirime di varie stanze di *RVF* CCVI: 7 Gelosia, 8 mia, 17
pia, 54 pria.   2. *piaga alta e suave*: vedi *RVF* CXCV 8, «l'alta piaga amorosa», con possibilità di riscontro, seppure al maschile, anche per la dittologia: LXXII 29, «pensier alto et soave» (: 30 chiave) (ma tre delle parole
rima di B già in LXIII: 7 soave : 10 grave : 11 chiave).   3-4. Concorrono
RVF LXXVI 1-3, «Amor con sue promesse lusingando | mi ricondusse a la
prigione antica, | et die' le chiavi a quella mia nemica» e LXIII cit. 11-12,
«Del mio cor, donna, l'una et l'altra chiave | avete in mano».   3. *e vidi*:
si tratta del motivo conduttore che, in una sorta di crescendo, presiede al-
l'immaginazione drammatica dell'intero componimento (basti conside-
rare le anafore, non importa se in un paio di casi con leggerissime variazioni, ai vv. 5, 9, 12 e 14). Ad esso si accompagna la costante presenza della
coordinata copulativa implicita (magari con il sospetto dell'ellissi di *vidi*): vv. 4, 6, 7 e 10, mentre, di concerto con l'inarcatura d'esordio (vv. 1-2),
proliferano in parallelo gli *enjambements*: vv. 6-7, 7-8, 10-11 e 12-13.
– *Amor ... cor*: rima interna, con ripercussione del suono nell'immediatamente successivo *tôrme* e in p*orle* del v. 4.   5. acceptarle *a*ltera: allitterazione, come nel prosieguo al v. 7 *man manc*a, v. 11 *a ... a*d *a*logiar e v. 13
partir per. – *altera e pia*: coppia antitetica di gusto petrarchesco (e cosí al
v. seguente *legera e grave*). Cfr. *RVF* CXII 5-6, «Qui tutta humile, et qui la
vidi altera, | or aspra, or piana, or dispietata, or pia».

legarme, e da man manca in vie piú prave
8 guidarme occultamente Gelosia.

Vidi andarne in exilio la Ragione,
e desiderii informi e voglie nove
11 rate a venir ad alogiar con meco.

E vidi da l'antica sua pregione
l'alma partir per abitare altrove,
14 e vidi inanti a lei per guida un cieco.

---

7. *da man manca*: a sinistra. L'espressione è spesso usata dal Petrarca: *RVF* CXXXIX 9, CCLXXXVI 8, ecc.   8. *Gelosia*: circa la presenza di Gelosia, cfr. in precedenza XXVIII 12-13.   10. Verso di impianto squisitamente petrarchesco nell'andamento dicotomico e nella simmetria delle componenti (si pensi anche solo a *RVF* CV 66, «et la dolce paura, e 'l bel costume» oppure a CCCXXXII 3, «e i soavi sospiri e 'l dolce stile». *nove*: inusitate, latinismo. In rima con *altrove* (v. 13) è comune nel *Canzoniere*: LXXIII 83-86, CXVIII 9-12, ecc.   11. *rate ... alogiar*: i soliti scempiamenti. – *con meco*: la ridondanza della preposizione è tratto settentrionale, non senza singolare conferma in *RVF* XXXV 14, «ragionando con meco». Per la rima *meco* : *cieco* (v. 14) cfr. *RVF* CCLXXVI 12-14.   12-13. Piú che a indicare un secondo amore (Testa, p. 30), mi sembra che la metafora sia adibita a significare il tòpico trasfondersi del cuore dell'amante nell'amata (cfr. in precedenza VIII 5-6, XVIII 9-11 e XXXVI). Evidente inoltre al v. 12, seppur in diversa accezione, il calco petrarchesco: *RVF* LXXVI 2 cit., «mi ricondusse a la prigione antica».   14. *per guida un cieco*: Amore bendato (intorno al quale vedi XXIII 5 e XXXVIII 1), la «cieca et disleale scorta» di *RVF* CCXI 6, guida davvero poco affidabile, come del resto Gelosia (v. 8).

XLII.

Pa. – Tremando, ardendo, el cor preso si truova.
Po. – Ov'è la neve, il laccio, il foco, il sole?
Pa. – I tuoi sguardi, i dolci acti e le parole.
4 Po. – Vòi taccia, chiuda gli ochi e non mi mova?

Pa. – Questo el mio mal non spinge, anze 'l rinova.

Sonetto sullo stesso schema di 1. Assonanza in DE. Rima identica 3 *parole* : 6 *parole*; inclusiva 9 *snodi* : 12 *odi*. La forma dialogata, ampiamente diffusa nella prassi poetica di fine secolo, era stata dal Pico in precedenza piú che altro accennata (XIV, XX, XXXVII, XLIV e, con maggiore articolazione, XL). Il colloquio è pensabile tra *Po(eta)* e donna amata, la cui identità è adombrata dalla sigla *Pa.* (in *Carmina* 14, 1 compare il nome di *Pleona*); per altro verso il tenore delle battute potrebbe autorizzare lo scioglimento delle cifre relative agli interlocutori in *Pa(tiens)* e *Po(tens)*, secondo una terminologia scolastica non disdicevole al Pico.

1. Viene dichiarata la triplice condizione del cuore: gelato, arso e prigioniero, secondo evidenti stereotipi del *Canzoniere* (ad. es. CCCXXXVII II, «tremando, ardendo, assai felice fui» e CCLIII 3-4, «O chiome bionde di che 'l cor m'annoda | Amor, et cosí preso il mena a morte»), peraltro già impiegati altrove dal Nostro (vedi IV 3, V I, VIII II, X IO-II, XXII 4 e *passim*). Essa è ribadita quindi, mediante paradossale *rapportatio* e mutamenti vari nell'ordine dei fattori, lungo l'intero arco del componimento: vv 2, 8, 9-11 e 14. *truova*: dittongamento toscano.   2-4. Continua il rigoroso artificio della *rapportatio* (ma si allunghi l'occhio fino al v. 12), mentre non mette conto insistere piú che tanto sulla natura tutta petrarchesca del lessico.   2. *Ov'è*: l'interrogativa d'apertura mima quella omologa e insistita di *RVF* CCXCIX 1, 3, 5, 7 («ove son»), 9 e 12. – *neve ... sole*: per analoga serie cfr. in precedenza VI 7 (e non sfugga l'anafora di *il*). – *sole*: tre delle parole rima di B trovano riscontro plurimo all'interno dei *RVF*: CLVI 3 dole : 6 sole : 7 parole, CCVIII 9-11-13, ecc.   3. La triade è reperibile in *RVF* CLXV 9-11, «Et co l'andar et col soave sguardo | s'accordan le dolcissime parole, | et l'atto mansüeto, humile et tardo».   4. *mi mova*: allitterazione, come spesso, non isolata nell'economia del testo (ove peraltro s'intrecciano ulteriori omofonie): v. 5 *mi*o *ma*l, v. 8 *gi*accio ... *gli gi*ova, v. 9 *Quel* ... *lo lega ... la li*ngua, v. II *l'*arde ... *le*giadre, v. 12 *me*glio *me* ... *mi*ri.   5. Andamento avversativo (il medesimo dei vv. 7-8) ricalcato su Petrarca: *RVF* LXXI 106, «Canzon, tu non m'acqueti, anzi m'infiammi», CXXXI 13, «non rincresco a me stesso, anzi mi glorio», ecc. – *spinge*: spegne, forma toscana. – *anze*: scrizione per cui è arduo distinguere fra ascendenza dialettale o latineggiante (invece al v. 8 *anzi*).

Po. – Perché?   Pa. – Perché indi nascon tre parole:
virtú, stil, legiadria, unde non dole
8   fuoco, giaccio, catena, anzi gli giova.

Quel che lo lega, par la lingua snodi,
quel che l'agiaccia, de virtú lo incende,
11   l'arde in legiadre et amorose tempre.

Po. – Donque meglio me vedi, miri et odi?
Pa. – Ben sai che sí, però che non me offende
14   agiacciando, stringendo, ardendo sempre.

6. *Perché?* ... *Perché*: immediata ripresa anaforica nel gioco della doman-
da e della risposta.   7. *virtú* ... *legiadria*: l'accostamento risulta già operato da *RVF* CCXXVIII 9, «Fama, Honor et Vertute et Leggiadria», e da
Triumphus Mortis I 145, «Virtú mort'è, bellezza e leggiadria!» – *unde
non dole*: corrispondenza di suoni che rinvia al sovrapposto *indi nascon*
del v. 6. – *non dole*: è clausola di *RVF* XXVIII 51. – *dole*: contiguo all'anti-
nomico *giova* (v. 8) anche in *RVF* CLVI 3, «tal che di rimembrar mi giova
et dole».   8. *giaccio* (e al v. 10 *agiaccia*): palatizzazione dell'area alto-
italiana (e cfr. V 1). – *gli*: al *cor* del v. 1.   9. *lo*: sempre il *cor*. – *la lingua sno-
di*: per il sintagma cfr. *RVF* CXXV 40-41, «Come fanciul ch'a pena | volge
la lingua et snoda».   10. *quel*: anafora rispetto all'inizio del v. precedente. – *incende*: in rima con *offende* (v. 13) già in *RVF* LXXI cit. 26-28.   11.
arde: in rapporto con *agiaccia* (v. 10) in una tipica dittologia oppositiva
petrarchesca: *RVF* CLXXVIII 2, «arde et agghiaccia». – *legiadre*: ribadisce
legiadria del v. 7. – *amorose tempre*: vedi *RVF* CCCLIX 37, «per non provar
de l'amorose tempre!» (: 34 sempre) (e cfr. in precedenza XIX 12-14).
12. *Donque*: forma settentrionale. – *meglio me vedi*: è meglio se mi vedi,
costrutto ellittico.   13. *offende*: offendi, 2ª pers. sing.   14. La serie dei
tre gerundi, che riprende la coppia d'apertura al v. 1, dà luogo a insistito
omoteleuto.

XLIII.

Era ne la stagion quando el sol rende
a' dui figli di Leda il bel offizio,
quando ch'io gionsi a l'umbra d'un ospizio
4   ove natura süe forze extende.

Ivi fra pedaglion, travacche e tende
gionse da l'alto ciel per artifizio
una Ninfa immortal di tanto auspizio,
8   che solo il contemplar la vista offende.

Quivi era Apollo, Giove e gli altri dei

Sonetto sullo stesso schema di XXIII. Rima ricca 2 *offizio* : 6 *artifizio*, 3
ospizio : 7 *auspizio*, 4 *extende* : 5 *tende* e 11 *triunfarne* : 12 *farne* (4-5 e 11-12
anche inclusiva); povera 9 *dei* : 14 *lei*.

1-3. *Era ne la stagion ... quando ch'io gionsi*: l'attacco riproduce puntual-
mente *Triumphus Cupidinis* IV 130, «Era ne la stagion che l'equinozio»,
mentre la successiva articolazione temporale richiama *RVF* III 1-3, «Era il
giorno ch'al sol si scoloraro | per la pietà del suo factore i rai, | quando i'
fui preso». È naturale che si tratti della primavera, tempo canonico per
l'innamoramento o l'apparizione amorosa.   2. *dui figli di Leda*: Castore
e Polluce, a indicare la costellazione dei Gemelli. Siamo dunque tra aprile e maggio. – *il bel offizio*: l'amabile clima, tipico di quei mesi.   3. *quando*: anafora rispetto al v. 1. – *ospizio*: dimora.   4. Il luogo è notevole dal
punto di vista paesaggistico e la natura vi dà prova del suo potere. *extende* in rima con *offende* (v. 8) anche in *RVF* CLIII 6-7.   5. *Ivi*: paronomasia nei confronti di *ove*, all'inizio del v. precedente. La prima terzina
incomincia poi con *Quivi* (v. 9). – *pedaglion*: forma con metatesi rispetto
alla piú usuale 'padeglioni'. – *travacche*: trabacche, sorta anch'esse di pa-
diglioni o tende. L'accoppiata già in *Decameron* V 8, 11 e nel *Morgante* del
Pulci II 60, 1.   6-7. L'espressione *per artifizio* (v. 6) parrebbe segnalare
che quella a cui il poeta sta assistendo, e che viene quindi riferita nel prosieguo del sonetto, sia la rappresentazione scenica di una favola mitologi-
ca (si pensi alle tante ricostruite e descritte da A. Tissoni Benvenuti e M.
P. Mussini Sacchi in *Teatro del Quattrocento. Le corti padane*, Torino
1983).   7. *auspizio*: autorità, prestigio nell'aspetto.   9-11. Fra tutti gli
dei che aspirano alla Ninfa, il prescelto da Amore è Apollo.   9. *dei*: in rima con *lei* (v. 14) piú di una volta anche in *RVF*: CXV 2-3, CXXXVII 3-6,
CCVI 11-12.

per rapir quella tutti, ma Cupido
11 cun Febo la legò per triunfarne.

Iove adirato el car salí per farne
vendetta, ma l'acorto amico e fido
14 s'ascose in vista, e se 'n fugí cun lei.

10-11. *Cupido / ... la legò*: *enjambement* (e quindi ai vv. 12-13 e 13-14).   12.
el car: quello su cui Cupido celebra il trionfo.   13. *l'acorto amico e fido*:
Apollo, e si noti l'iperbato.   14. *s'ascose in vista*: si nascose alla vista. Poi-
ché si tratta di Febo-sole, è ipotizzabile che, per esigenze scenografiche,
lo faccia celandosi dietro una nuvola.

XLIV.

Già quel che l'or' distingue, i mesi e gli anni,
i soi corser ne l'onde refrescava,
quando m'apparve, e so ch'io non sognava,
4 una Cerva che avea d'argento i vanni.

Doi cacciator ch'avean squarzati i panni

Sonetto sullo stesso schema di 1. Rima inclusiva 1 *anni* : 4 *vanni* : 5
panni : 8 *inganni*; apparentemente derivata, ma in realtà, data la *aequivocatio*, solo inclusiva e ricca 11 *parve* : 14 *disparve*.

1-3. *Già ... quando m'apparve*: mutata l'ora del giorno, il modulo sintattico rinvia netto al modello petrarchesco del componimento: *RVF* CXC 12-
14, «Et era 'l sol già vòlto al mezzo giorno, ... quand'io caddi ne l'acqua». 1. *quel*: il sole. – *l'or' ... gli anni*: la serie, pur con diversa disposizione, in *Triumphus Temporis* 76, «ché volan l'ore e ' giorni e gli anni e '
mesi». 2. La tradizionale immagine dei cavalli di Apollo (il sole) che
vengono fatti riposare a sera nelle acque dell'Oceano è reperibile anche
in *Carmina* 8, 5-6, «Hinc videas utrumque queri quod serus Hibero |
Phoebus anhelantes aequore mergat equos». – *refrescava*: tutte le parole
rima di B consistono in un verbo all'imperfetto (qualcosa del genere anche in *RVF* XCIV: 10 mostrava : 11 stava : 12 ricordava). 3-4. *m'apparve...*/
una Cerva: ovvio il riconoscimento di *RVF* CXC cit. 1-2, «Una candida
cerva sopra l'erba | verde m'apparve», con inversione nell'ordine delle
componenti sintattiche (prima il predicato e quindi il sogg.). Da notare
infine ancora una volta l'inarcatura, complicata da iperbato (altri *enjambements* ai vv. 6-7 e 7-8). 3. *e so ch'io non sognava*: per negare l'isti-
tuto visionario della situazione, fa ricorso a modi petrarcheschi: vedi ad
es. *RVF* XCV 14, «et so ch'altri che voi nessun m'intende». 4. *che avea
d'argento i vanni*: non frequentabile in ordine al colore l'ipotesi di un incongruo incanutimento, si tratterà di un preziosismo per indicare il can-
dore della purezza e della castità. Per l'immagine (non certo per il significato) cfr. *Psalmi* I 68 (67), 14, «alae columbae nitent argento». *vanni* (ali)
è *hapax* dantesco, significativamente in rima con *anni* (qui al v. 1) in *Inf.*
XXVII 40-42. Dotate di ali nel *Fedro* platonico (XXV-XXVIII e XXXI) sono fi-
nalmente le anime. 5-11. Al motivo allegorico della cerva cacciata, diffuso presso i classici e la narrativa romanza in versi (nei paraggi basti richiamare le polizianesche *Stanze* I 33-37), si interseca il mito di Ercole al bi-
vio, incerto fra la scelta del bene o del male (presente negli scritti del sofi-
sta Prodico, è riportato da Senofonte, *Memorabilia Socratis* II, 1, 21-34):
qui infatti un cacciatore insidia l'animaletto molcendolo (vv. 6-7), mentre
l'altro lo mette in guardia (vv. 7-8). 5. *Doi*: cfr. IV 1. – *ch'avean squarzati*

seguivan quella, e l'un sí glie monstrava
el mele, e l'altro so che la chiamava
8 dicendo: – Guarda costui non t'inganni! –

L'animaletto fermo in sé racolto,
dubio, incerto stava, e pur al mele
11 che piú la se acostasse a me alor parve.

Et io de ciò me ne affannava molto
che me acorgea del ricoperto fele,
14 e mentre me ne doglio ella disparve.

---

i panni: a indicare gli effetti delle armi d'Amore in *Triumphus Cupidinis* I
57, «ma squarciati ne porto il petto e' panni» (: 53 anni).   6. *glie*: a lei.
7. *mele*: come poi per *fele* (v. 13), concorreranno all'impiego della forma
senza dittongo sia l'influenza del latino che quella dell'uso petrarchesco.
– *e l'altro so che*: con la *variatio* dell'anastrofe risulta anaforico rispetto a *e
so ch'* del v. 3.   8. *Guarda*: stai attenta, secondo un'accezione anche dantesca: *Inf.* V 19, «guarda com'entri e di cui tu ti fide».   9. *in sé racolto*: è
clausola petrarchesca in *RVF* XI 10, mentre al femm. compare anche in
Boiardo, *Amorum libri* II 71, 91 (: 93 molta).   11. *la*: forma pleonastica
atona del pron. sogg., molto diffusa nel fiorentino; femm. in quanto sta
per *Cerva* e non per *animaletto*. – *parve*: le parole rima di E ripropongono
il medesimo gioco, fra derivazione ed equivoco, di *RVF* CXC cit. 11-14
(sparve).   12. *affannava*: usuale 1ª pers. sing. in *-a* dell'imperf. ind., come
acorgea (con dileguo di *-v-*) del v. successivo.   14. *mentre me*: allitterazione. – *doglio*: da interpretare come pres. storico. – *disparve*: a suggello
della visione si dissolve l'iniziale epifania (v. 3 *m'apparve*), giusta l'impianto del referente petrarchesco (*RVF* CXC cit. 2 e 14).

XLV.

Misera Italia e tutta Europa intorno,
che 'l tuo gran padre Papa iace e vende,
Marzoco a palla gioca e l'onge stende,
4   la Bissa è pregna et ha sul capo un corno.

Ferrando inferra e vendica el gran scorno,
San Marco bada, pesca e puoco prende,

Sonetto sullo stesso schema di v. Rima derivata 4 *corno* : 5 *scorno*; imperfetta 9 *Mal avezi* : 11 *pezi* : 13 *egipzi*; ricca 10 *crida* : 12 *strida*.
Questa sorta di «araldica politica» (Testa, p. 75) trova piú di un cultore
verso la fine del secolo. È maniera particolarmente cara infatti ad Anto-
nio Cammelli detto il Pistoia, ma vi si cimentano anche poeti come Panfi-
lo Sasso e Galeotto del Carretto. Nella fattispecie viene illustrata la situazione degli stati italiani all'altezza dell'anno 1488.

1. Il verso presenta un andamento dicotomico, secondo una scelta stilisti-
ca che caratterizza senz'altro le quartine (vv. 3, 4, 5), ma giunge a prolun-
garsi fino al v. 13. – *intorno*: tre delle parole rima di A già in *RVF* CXIX 77-
78-81 e CCI 4-5-8.   2. *Papa*: Innocenzo VIII (1432-92) della genovese famiglia Cibo, proprio colui che fra il 1486 e il 1487 condannò le novecento
Conclusiones del Pico. Evidente il gioco allitterante con *pa*dre che precede e rimbalzo in *pa*lla del v. 3. – *iace e vende*: manda in rovina facendo
mercato; si tratta di due latinismi. L'uso della coppia si ripete in clausola
ai vv. 8 e 14, mentre ai vv. 11 e 12, nel passaggio da una terzina all'altra, lo si
nota all'inizio.   3. *Marzoco a palla gioca*: a designare Firenze vengono
evocati il leone dello stemma comunale e le armi dei Medici. – *onge*: un-
ghie, forma settentrionale. – *stende*: ritrae, il contrario di tendere. Siffatto
atteggiamento giocoso e pacifico esemplifica quella «felicità grandissi-
ma» in cui vissero i Fiorentini dopo la presa di Sarzana (1487) e fino alla
morte di Lorenzo (vedi Machiavelli, *Istorie fiorentine* VIII 36).   4. Milano, indicata attraverso l'insegna dei Visconti, il biscione, qui con scontata
assibilazione. L'iconografia è però piuttosto quella della vipera dal corno, la piú pericolosa, satura di veleno (*pregna*) e quindi pronta all'attacco.   5. Per Ferdinando I d'Aragona, re di Napoli, (1431-94) è tempo di
giustizia e di vendetta dopo la Congiura dei Baroni (1485-86) (*el gran scorno*). Si noti come il verbo *inferra* (mette in ceppi) istituisca una specie di
figura pseudo-etimologica con il nome del sovrano.   6. Una Venezia
guardinga (*bada*), in una fase politica di stasi successiva alla pace del 1488
con i «Tedeschi», che avevano attaccato la Serenissima, mettendone in
rotta le truppe nei pressi di Trento (vedi Machiavelli, *Istorie fiorentine*
cit. VIII 34).

la vincta Bissa ora San Georgio offende,
8   la Lupa a scampo veglia nocte e giorno.

Sega la grassa stracia in Mal avezi
e la Pantiera circondata crida,
11   femine e puti tien Romagna in pezi.

Da Aquile e Griffi al ciel ne va le strida,
e 'l ciel non ode, e regna Mori egipzi,
14   Tarquin, Sardanapal, Crasso e Mida.

7. Milano cerca di riaffermare la propria supremazia su Genova (*San
Georgio*), perduta in seguito alla vittoriosa ribellione della città nel 1478.
E di fatto vi riuscí giusto nel 1488.   8. Siena (il cui emblema è la lupa) vi-
gila di continuo, nel timore dei tradizionali nemici fiorentini.   9. I Bentivoglio, signori di Bologna denotati attraverso l'arma della sega, infieri-
scono (*stracia* è palatizzazione settentrionale per 'strazia') nei confronti
dell'avversa famiglia repubblicana dei Malvezzi. Tali cruenti processi eb-
bero luogo nel 1488.   10. Lucca (la *Pantiera*, con dittongamento ipercorretto) grida, soffocata da nemici numerosi, fra cui Genova, i Malaspina, i
Senesi (a proposito dei quali si consideri quanto afferma il Pistoia, per la
verità facendo riferimento al 1490, ne *I sonetti faceti* CCCLXXVIII 7, «– La
Lupa? – Trema, e la Pantiera ha stretta».   11. La Romagna macchiata
dalle stragi di donne e bambini è quella dei tumulti del 1488, riferiti dal
Machiavelli nelle *Istorie fiorentine* cit. VIII 34-35: in particolare la congiura forlivese di Francesco d'Orso nei confronti di Girolamo Riario e il san-
guinoso tentativo di Giovanni Bentivoglio, principe di Bologna, di impa-
dronirsi di Faenza.   12. Aquile e grifi (o grifoni) sono le figure araldiche
piú comuni. Esibite al pl. non possiedono dunque valenza specifica, ma
stanno a designare genericamente varie città. – *al ciel ne va le strida*: può
aver influito *RVF* CCLXXX 4, «né 'mpiessi il ciel de sí amorosi stridi». Da
notare senz'altro il verbo di 3ª pers. sing. con il sogg. pl. (e cosí *regna* al v.
successivo), tratto caratteristico della koinè alto-italiana.   13. Impostato
su un chiasmo, il verso presenta due emistichi polisindetici, di cui il primo con valore avversativo. *ciel*: anafora rispetto al v. 12. – *Mori egipzi*: evidente allusione a Ludovico Sforza, usurpatore di Gian Galeazzo.   14.
Tarquin: il Superbo, ultimo re di Roma, tiranno per antonomasia. – *Sardanapal*: Assurbanipal, re assiro del VII sec. a. C., proverbiale per i suoi
costumi viziosi (cfr. ad es. *Par.* XV 107). – *Crasso e Mida*: l'accoppiata del
triunviro M. Licinio, morto nel 53 a. C., e del mitico re frigio di ovidiana
memoria (*Metam.* XI 85-145) sta a esemplificare il potere della ricchezza
ed è riscontrabile già nel petrarchesco *Triumphus Fame* I 56. Anche nel
cit. sonetto CCCLXXVIII del Pistoia si legge: «– Italia u' dorme? – In mezzo a Crasso e Mida» (v. 12).

Indice

Sonetti

*Stampato per conto della Casa editrice Einaudi
dalla Fantonigrafica - Elemond Editori Associati
nel mese di marzo 1994*

C.L. 12926